Je voulais devenir un homme

Ouvrage publié sous la direction de Chantal Hincker

Bouchta Saïdoun

Je voulais devenir un homme

© L'Harmattan, 2017
5-7, rue de l'École-Polytechnique, 75005 Paris
www. harmattan.com
diffusion.harmattan@wanadoo.fr
ISBN : 978-2-343-11419-4
EAN : 9782343114194

Bouchta Saïdoun

Je voulais devenir un homme

© L'Harmattan, 2017
5-7, rue de l'École-Polytechnique, 75005 Paris
www.harmattan.com
diffusion.harmattan@wanadoo.fr
ISBN : 978-2-343-11419-4
EAN : 9782343114194

> Je les entends rire comme je râle
> Je les vois danser comme je succombe
> Je pensais pas qu'on puisse autant
> s'amuser autour d'une tombe
> Est-ce que ce monde est sérieux ?
>
> Francis CABREL, *la Corrida*

Cité La Rose

Ma mère est à son balcon, debout au milieu d'une énorme pyramide de linges. Elle astique de toutes ses forces. Je la verrai toujours courir dans la maison, ramasser le linge sale dans les recoins et l'empiler jusqu'au jour de la grande lessive. Elle cherche partout. Elle ne supporte pas les slips et culottes sales, surtout quand il s'agit de ses filles. Mes sœurs cherchent à protéger leur pudeur au milieu d'une famille trop nombreuse. Elles cachent leurs petites culottes derrière les radiateurs. Ma mère mène l'enquête pour les retrouver une à une.

– Cherche, ma fille, où tu les as mises. Allez, cherche le trésor… le trésor public !

Elle appuie largement sur *Trésor public*, étrange oxymore dans le fond, façon imagée de leur rappeler que les filles ne peuvent prétendre à posséder leur intimité, leur seul trésor personnel. Sous la pression, les petites culottes réapparaissent et rejoignent la pyramide de linge à laver. Ma mère frotte à la main les sous-vêtements, slips et chaussettes, dans une grande bassine en zinc. Son trafic de récupération d'eau est réglé comme du papier à musique. Soucieuse d'économiser d'eau, elle commence par le blanc, récupère l'eau et la lessive, puis lave les teeshirts et les chemises, récupère à nouveau l'eau et la lessive, et enfin frotte les jeans. Ce rituel immuable lui demande deux journées entières et s'achève le plus souvent à cinq heures du matin.

Elle a quitté son village natal à l'âge de douze ans pour immigrer dans le Var avec sa famille, autour des années cinquante, emportant avec elle cette habitude de femme. Mon grand-père avait acheté à bon prix une vieille ferme dans laquelle il produisait de la vigne, des cerises et des figues. Khadija était sa troisième fille, il désespérait d'avoir un garçon. Mais Khadija lui avait porté chance, deux mâles avaient vu le jour après elle. Elle devint son enfant préféré. Manon des sources du Maghreb, il la laissait courir dans la garrigue, suivre des chemins caillouteux sur son solex, vivre en liberté.

Peu après, Ali, mon père arrive à son tour de Bel Abbes. Mon grand-père s'enquiert de ses origines. Ah? Il est de son village? Il l'embauche aussitôt à la ferme. Ali prend ses marques peu à peu. Il est orphelin de père depuis tout petit. Il a laissé sa mère et la misère au pays. Taiseux, il espère secrètement pouvoir épouser Mama, la fille aînée de son patron. Il sait ce qu'il veut, Ali! il veut une femme calme. Surtout pas une Khadija, dont il se méfie un peu. Elle est dégourdie, certes. Son sobriquet « l'intrigante » lui colle à la peau dans la ferme, admiratif pour les uns, défiant pour les autres. Le boulanger et le boucher lui font facilement crédit, mais la petite rusée change de commerçant juste au moment où il faut payer la note. Ali ne s'imagine pas épouser une telle femme. La loterie du mariage va en décider autrement.

La guerre d'Algérie fait rage. Le FLN raquette les immigrés algériens partout en France pour financer l'indépendance. Toutes les semaines, des militaires passent clandestinement avec un panier. Ils repèrent en même temps les jeunes filles qui parlent français. Elles se retrouvent enrôlées de force dans le FLN, et deviennent des femmes kamikazes sacrifiées à l'indépendance de la Nation. Cette chair à canon bon marché explose régulièrement au milieu d'officiers français dans les villes algériennes. Naïveté féminine ou tout simplement instrumentalisation, sacrifice originel de jeunes vestales, premières victimes de la guerre ? Les immigrés ne savent quoi penser. Ils éprouvent sans doute le besoin inconscient de se libérer d'une forme de culpabilité. N'ont-ils pas choisi de partir loin des leurs ? Il leur faut alors payer un lourd tribut à la Nation pour laquelle les Algériens restés au pays se battent. Rien n'est dit clairement, mais la pression du FLN parle d'elle-même.

Les militaires du FLN sont entrés dans la vigne. Ils avisent ma mère à l'entrée de la ferme. Jolie fille, quinze ans, vive, toujours prête à enfourcher son solex.

– C'est qui celle-là ? Elle est mariée ?

Mon grand-père comprend tout de suite. Ils ne vont pas lui enlever sa Khadija ? Ça, non, pas question ! ? La colère monte en lui. Il répond aussitôt d'un ton sans réplique :

– Oui, elle est mariée

– Ah oui ? Et avec qui ?

– Avec… Il hésite un instant. Son regard balaie la parcelle de vignes. Dix rangées de sarments plus loin, la tête de mon père dépasse.

– Avec lui !

Les militaires passent leur chemin. Les dés sont jetés. Ali n'épousera pas Mama la calme, mais Khadija l'intrigante. Il n'a pas le choix.

Le weekend suivant, le mariage est organisé discrètement dans la précipitation. Ils sont mineurs tous les deux, lui a vingt ans, elle à peine quinze. Khadija ne veut pas se marier, elle va à l'école, elle a envie de liberté, elle, élevée comme une garçonne. Mais son père a décidé, on ne discute pas. Sitôt mariée, sitôt enceinte. À l'école, elle s'endort l'après-midi, son ventre s'arrondit, on se moque d'elle. On la juge mal, elle est l'objet de toutes les conversations dans les familles du village. L'univers tranquille des paysans du Var est bousculé par ces pratiques d'un temps ancien. La petite est mariée devant Dieu uniquement, la loi française interdit le mariage civil d'une mineure non émancipée. Les rumeurs courent, les regards de travers fusent. Une évidence s'impose. Mieux vaut arrêter l'école avant de mettre au monde son premier enfant. Elle le perd aussitôt, et va enchaîner les grossesses tous les dix mois pendant quatorze ans, donnant finalement la vie à douze enfants. Mon grand-père déclare les premiers enfants à son nom afin de bénéficier du droit de CAF. On s'arrange comme on peut !

Mon père cherche immédiatement à mater ce garçon manqué, elle doit lui obéir, cesser de courir partout. Dans les premiers jours du mariage, il lui confie son salaire pour l'approvisionnement du mois. Heureuse de pouvoir sortir de la maison, elle fait le tour des commerçants du village et revient au bout d'un long moment avec des bananes, des pommes, et des bonbons... c'est une enfant !

– Elle est où l'huile ? Elle est où la semoule ? hurle son mari.

Pas le temps de s'expliquer, il lui flanque sa première raclée. Khadija fulmine, mais elle encaisse. Mon grand-père arrive sur les faits, lui donne une autre raclée magistrale. Il frappe aux portes de toutes les maisons :

– Ma fille est un peu fatiguée, elle a acheté que des bonbons... donnez-moi un peu.

Il revient avec un peu d'huile, un peu de semoule, un peu de farine, de quoi subsister.

– Regarde Khadija, les courses c'est comme ça ! J'te le redirai pas.

Ali est violent, il boit le soir après le travail, chaque jour un peu plus, façon d'oublier le déracinement. Khadija ne cesse de prendre des coups. Mais elle est forte, se relève, et ne change rien à ses habitudes de garçon manqué. Elle va juste apprendre à travestir la vérité afin d'éviter les raclées, à faire ses coups en douce, et petit à petit prendre le pouvoir au sein de la famille.

Mon grand-père finance le FLN, contraint et forcé. Il finit par perdre sa ferme. La guerre d'Algérie s'intensifie. Impossible de rester là. Les immigrés s'inquiètent. Mieux vaut se rapprocher de Marseille. On leur raconte que des châteaux restent vides dans la région. Les bourgeois ne sont pas là. Ils vivent à Paris. Une aubaine. Ceux de Bel Abbes se regroupent dans un beau château près de La Ciotat. Ils n'entrent pas à l'intérieur de la bâtisse, mais s'installent dans les écuries ou dans le parc dans des tentes de fortune, avec leurs poules, leurs coqs et leurs moutons. La vie se réorganise, on prend de nouveaux repères. On survit.

Un matin, la bourgeoise de Paris arrive dans une belle voiture. Estomaquée, elle regarde tous ces gens installés dans son jardin à la française qui ressemble tout à coup à un parc forain. Elle leur demande ce qu'ils font là. Ils expliquent poliment qu'il y a la guerre, qu'ils ne savent pas où aller. Ils ont tout perdu, ils ne font pas de mal. La dame prend les choses en main en appelant rapidement la Cimade.

La Cimade est connue pour ses actions de solidarité en faveur des migrants. Elle est très active. Ses bénévoles arrivent aussitôt, rassemblent toutes les familles dans un vacarme assourdissant, et les emmènent dans le grand camp Arena, un ancien camp de juifs partis en Israël. Mon grand-père s'y installe parmi les premiers.

La pression du FLN ne baisse pas, ses exigences financières compliquent la vie des immigrés. Faut-il rester ici ou rentrer au bled ? Ils sont déchirés entre l'appel de la Nation naissante et la fuite de la misère au bled. Les temps d'incertitude ne sont pas propices aux choix décisifs. Certains tentent un compromis en renvoyant juste les femmes et les filles au pays.

Mon grand-père est de ceux-là. Il embarque sa femme et ses filles un soir d'été sur le *Ville Oran*, un gros paquebot d'environ cent cinquante mètres de long, qui a eu son heure de gloire pour avoir rallié la Flotte française libre durant la Seconde Guerre mondiale. Quand il sort son grand pavois, il a fière allure, la Croix de guerre est hissée sur son mât arrière, en souvenir de ses glorieux faits de guerre dans l'Atlantique. Pas de flamme de décoration ce soir-là, le *Ville Oran* assure juste un renfort en ces temps perturbés où les familles algériennes font des allers et retours désordonnés entre Marseille et Oran. Des centaines de femmes sont assises par terre sur le pont, leur maigre baluchon à leurs pieds. Ma mère tient un petit par la main, elle en a un autre dans le ventre. La tante Zora en a deux accrochés à sa jupe. Toutes les femmes ont des enfants, à la main, dans le ventre, dans le dos. Une nuée de bambins se colle à elles, apeurés par ce départ précipité. La traversée est pénible et angoissante. La houle se fait de plus en plus grosse, la Méditerranée elle-même se met au diapason de cette guerre qui déchire les familles. Le bateau tangue mais tient bon la mer, il en a vu d'autres !

Arrivées à Oran, la peur se répand sur le pont du bateau comme un feu de pinède. L'OAS a brûlé le port. Panique. Il faut pourtant descendre sur le quai. Elles courent dans tous les sens. La tante Zora perd un petit sur le quai, mitraillé par l'OAS. Le second petit s'égare dans le port. Une famille le récupérera. Les deux femmes affolées sautent dans la voiture d'un cousin qui les attend dans une ruelle attenante au port, et se sauvent dans l'arrière-pays. Tout au long du chemin, Zora pleure ses petits. Ma grand-mère prie avec ferveur, remerciant Allah d'avoir préservé les siens. Cinq années durant leur vie au village va être rythmée par les coups de fil de mon grand-père. L'incertitude les mine. Tu rentres en France, tu repars au bled. Tu rentres, tu pars. L'instinct de survie est plus fort que la guerre. Tu protèges ta peau et celle de tes petits dans un sempiternel yo-yo entre Marseille et Oran, même si cela te rend fou.

Le camp Arena devient un immense bidonville. Tout s'organise selon un modèle traditionnel tandis que la Cimade pourvoie aux besoins élémentaires. Les hommes vont travailler sur des chantiers, rentrent exténués, demandent à leurs femmes le rapport de la journée, les cognent quand ils sont contrariés, histoire de ne pas perdre les traditions dans ce pays d'accueil. Oh! elles ont l'habitude! Le président Giscard d'Estaing vient visiter le bidonville. Il est abasourdi par les conditions de vie inhumaines. Il s'engage à faire donner par l'armée des lits pour les enfants. Promesse tenue, l'armée livre des lits superposés sur quatre étages, en fer forgé. Les hommes s'indignent en silence. L'un d'entre eux ose crier tout fort : « c'est quoi, ça ? Il se fout de nous ». Mon grand-père l'interrompt aussitôt. « Tais-toi, couillon, laisse-les faire! on garde les matelas pour les enfants, la ferraille on la vend aux gitans, on partage, et on achète quelques moutons. »

Mon grand-père joue au tiercé en buvant des diabolos menthe. Il fréquente tous les bistrots du coin, mais le dimanche particulièrement, il aime pousser un peu plus loin dans Marseille jusqu'au *Bar de la Poudrette*, tenu par Malika Baïla qui fait des marmites de soupe au pistou comme personne. Généreuse Malika, toute la communauté immigrée la connaît! Il rejoint là ses frères de misère venus travailler en France en laissant leurs familles au bled. La solitude est leur lot quotidien, cette forme de misère est la plus désespérante. Ils trouvent dans ce bar un énorme réconfort. Tous noient leur peine dans le vin, mon grand-père s'en tient à son diabolo menthe. Il devient « Bouchta diabolo menthe », celui qui rêve de gagner des millions pour rentrer au pays et ne plus connaître la misère. D'aller-retour en aller-retour entre Marseille et Oran, son rêve le poursuit. Au moment de l'indépendance, il a plus perdu que gagné au tiercé et se trouve dans le bidonville avec sa tribu. On leur a promis une hlm, ils reviendront au pays plus tard, quand ils auront réussi. Tous les immigrés espèrent leur terre promise, ou plutôt leur cité promise. Un juif convainc ma mère de patienter, même si bon nombre de ses coreligionnaires sont partis pour la terre promise en Palestine, lui n'a pas écouté les sirènes de l'exodus, il attend sa hlm promise. L'État français, on peut compter dessus. Ils vont nous donner, répète-t-il à qui veut bien l'entendre, comme pour se rassurer lui-même. Il y a déjà les allocations familiales ! Tous les dix mois ma mère met un enfant au monde. Je suis le onzième, né au bidonville, mais chanceux quelque part car je n'y resterai qu'une année.

Alors ils attendent.

Personne n'a conservé de photos du bidonville, mais qui aurait eu envie de faire des photos d'un tel endroit ? Ces photos sont dans ma tête, pourtant je suis parti à un an. Cependant ma tante Mama y est restée, avec sa tribu de douze enfants, un mari qui l'a abandonnée. Nous venons lui rendre visite. Avons-nous tant la nostalgie de la misère que nous revenons sur les lieux ? À vrai dire tant qu'on est ensemble, ce n'est pas la misère. La misère c'est la solitude, celle que nous connaissons aujourd'hui dans les villes.

Je me rappelle les mariages dans le bidonville. Des fils et des draps tendus, des filles violées derrière. D'un côté les hommes, de l'autre les femmes. Ma mère bout en train, faisant rire aux larmes l'assemblée de femmes, danse en costume traditionnel. Elle imite un mari alcoolique qui violente sa femme. Un orchestre joue du raï, cette improvisation poétique qui exprime la vision du monde du chanteur, son opinion sur les choses du monde. Ma mère chante son raï, informant de la sorte les jeunes femmes de ce qui les attend. Toutes les femmes chantent en chœur. Au début, elles entonnent des chansons en l'honneur du prophète, et puis glissent petit à petit vers des chansons d'amour. Ce sont des paraboles. On chante Allah, mais entre les lignes elles racontent leurs malheurs d'être femmes. Elles se comprennent entre elles. Cette forme de raï fascinant perdure en Algérie.

Dans les pays musulmans, tout tourne autour du mariage. Toutes jeunes, les filles rêvent de préparer leurs trousseaux, la tête pleine d'idées follement romantiques. On les fait grandir pour devenir la femme d'un homme, vivre dans son ombre tutélaire.

On entretient une culture de fête, c'est-à-dire de mariage. Les filles attendent leur guillotine mais elles ne veulent pas y croire. Elles préfèrent s'accrocher à leurs rêveries fleur bleue comme toutes les jeunes filles dans le monde.

Les petites sœurs des pauvres s'affairent tous les jours au bidonville. Je les adore ! Sœur Cécile, sœur Mathieu aident les femmes dans leurs tâches ménagères. Elles admirent ces beaux bébés qui s'accrochent aux jupes de ma mère. Mais un tous les dix mois quand même ! Pas de contraception, pas de préservatifs, les sœurs ont pitié des femmes, toutes réduites au même sort de pondeuses. Au sixième enfant, Khadija leur demande de l'aider à se faire ligaturer les trompes. Elle ne veut plus d'enfants. Six ! il faut les élever, la vie est dure. Ali dit qu'il aurait aimé en avoir juste deux, et apprendre à lire et à écrire, apprendre un bon métier. Il dit ça ! mais en même temps les allocations familiales pour douze enfants, c'est tentant !

Les sœurs ne peuvent rien faire pour Khadija. La loi autorise la ligature des trompes à vingt-neuf ans, pas avant. Le jour de sa vingt-neuvième année, elle vient d'accoucher de son douzième enfant, le médecin lui ligature les trompes dans la foulée. Fini les enfants tous les dix mois. À peine opérée, elle, à la silhouette si fine, telle une gazelle agile et vive, devient un frigo. Tout se paie dans la vie.

Les années soixante-dix vont tenir les promesses faites aux immigrés. Les cités se construisent un peu partout. De grandes tours s'élèvent sur des terrains agricoles réquisitionnés, d'abord un peu à l'écart de Marseille. Les familles maghrébines sont réparties dans les différentes cités en fonction de leurs origines géographiques. C'est un peu la loterie. Tous sont tristes de voir certaines familles du bidonville les quitter pour aller ailleurs. Heureusement en ville, les femmes se retrouveront au marché et au hammam. Pour nous, bonne loterie, nous sommes affectés à la cité la Rose près d'Allauch. Un immense F7 nous est attribué. Mon père, ma mère, leurs six filles et leurs six garçons, arrivent à la Rose un matin de printemps, très excités par l'aventure. On a bien fait d'attendre dans le bidonville, ici, tout est neuf, tout est beau, des grands couloirs, une salle de bain, des toilettes, l'eau, l'électricité et même un balcon... en pleine campagne. De nos fenêtres on aperçoit non loin d'immenses vergers en fleurs, des abricotiers, des cerisiers, des pêchers. Quel bonheur ! Un toit te donne une vraie dignité. Khadija prend les choses en main, elle répartit les enfants dans les chambres, sans discussion possible, en dansant dans les couloirs au son d'un raï enjoué. Elle chante, elle danse, elle montre du doigt : tel sac va là, tel baluchon plutôt là, sa grosse bassine en zinc sur le balcon. Chacun s'empresse d'obéir, conscient ce jour-là que quelque chose est en train de changer. Il n'y a plus de lit pour moi, le petit fragile, mais peu importe j'irai d'un lit à l'autre, là où je trouverai une place pour dormir. On tape à la porte, une voisine vient voir notre F7. Nous allons voir le sien à notre tour. Les commentaires vont bon train. Sur le balcon, on s'appelle de famille en famille, ce soir on fait la fête, on mange tous ensemble, on chante et on danse dans la cour de la cité. Les plus jeunes jouent avec des sacs en plastique accrochés au bout de longues ficelles, improvisant des cerfs-volants de fortune chahutés par le mistral. Le vent est de la fête lui aussi, il leur fait faire des bonds en avant dans la plus grande joie. Nous inaugurons notre nouvelle vie.

Khadija a dû laisser sa meilleure copine au bidonville, c'est une sœur pour elle. Elles ne se quittent plus depuis longtemps. Elles élèvent les enfants ensemble. Elle a treize petits, un tous les dix mois comme ma mère. La marocaine est affectée dans une autre cité qui ne sera terminée que dans trois mois seulement. Voyant Khadija prête à quitter le bidonville, elle la supplie :

– Prends-moi deux petits en attendant, ma chérie, là-bas c'est propre, y a l'eau, les toilettes... ils seront mieux avec toi. Après je viens les chercher.

Khadija emmène deux petits avec elle. Elle les allaite depuis un moment. Elle a un bon lait. On le lui tire quotidiennement pour nourrir d'autres enfants. Huit cents francs de prime de mère laitière, ça met du beurre dans la semoule !

Six mois plus tard, quand la Marocaine vient chercher ses petits, elle ne sait plus lesquels sont les siens :

– C'est lesquels les miens ?
– Choisis, prends les deux que tu veux, lui dit ma mère. De toute manière, on est voisine, s'ils ne te vont pas, tu les ramènes, on les change.

La culture maghrébine s'enracine dans les cités. Tous s'imaginent qu'ils vont pouvoir vivre entre eux, marier leurs filles au sein de leur communauté, et sauvegarder leurs traditions. Parce que, bien sûr, un jour ils retourneront au pays. Pourquoi ne donne-t-on jamais à voir que la pauvreté, la misère, l'insalubrité ? Pourtant, ces premières années de vie dans la cité, fourmillent de belles expériences de joie de vivre collective.

Il y a l'imam Landolfi, un Italien converti à l'islam. Bébé, sa famille a été mitraillée pendant la guerre en Algérie. Petit Moïse européen sans couffin, il errait seul dans les rues. Une famille arabe l'a recueilli, circoncis et converti à l'islam. Spontanément, tous l'ont appelé l'enfant Landolfi, l'islam interdit que l'on change le nom de quiconque. Un nom c'est pour la vie, c'est poursuivre sur terre ce que nos ascendants n'ont pas pu réaliser. Chez nous, pas de secret sur la naissance ou sur la famille d'origine. L'adoption est une bénédiction de Dieu. Plus tard, il s'est marié avec l'une des filles de la famille. Il est devenu imam. Toujours sapé comme un seigneur ! Yves Montand dans la cité ! Les femmes sont enchantées d'approfondir l'islam avec lui. Elles fantasment en secret, personne ne peut le leur reprocher. Il leur apprend aussi l'interprétation des rêves, et nous les enfants, l'alphabet.

Nous vivons un islam tranquille, à côté des sœurs vaillantes qui se dévouent auprès des familles sans faire de prosélytisme. Les premières prières du Coran, je les apprends avec un juif de

Constantine. Tous les jours au bas des tours d'immeubles, il nous regarde jouer. Nous le considérons comme notre gardien, les femmes comptent sur lui pour nous surveiller. Je ne sais même pas qu'il est juif, cela a si peu d'importance. C'est lui qui circoncit tous les enfants dans la cité. On raconte qu'il était coiffeur ou tailleur à Constantine. Alors on est sûrs qu'il a de bons ciseaux ! On ne parle pas de circoncision d'ailleurs, on parle de baptême. Les religions ne sont pas étanches dans la vie des quartiers. L'intégration passe par ce subtil mélange des langues, où l'on prend à la langue d'accueil ce qui nous permet d'être accepté, tout en préservant le style de notre culture qui fait le sel de la relation à l'autre.

Dans ma mémoire, il est le grand-père que je n'ai pas connu. J'ai longtemps parlé des prières que mon grand-père m'apprenait petit, jusqu'au jour où ma mère m'a appris qu'il n'était qu'un voisin. Je l'aimais beaucoup.

Comme tous les jeudis après-midi, je cours comme un fou derrière un ballon avec une bande de galopins de huit à dix ans qui ne se ménagent pas. Il fait chaud, la sueur dégouline de notre front, nous fait cligner des yeux. Il nous appelle :

– Venez ! venez ici !

C'est un patriarche, il est beau, un conteur pour nous. Nous nous asseyons en demi-cercle autour de lui.

– Vous jouez et vous connaissez pas votre religion ? Allez ! Venez je vais vous apprendre les prières.

Il nous parle d'Allah, et d'amour de l'autre pendant un bon moment. Nous l'écoutons attentivement, notre conteur, ébahis par ses belles paroles. Des histoires, quoi ! Sitôt terminées, nous retournons jouer au ballon.

La vie est difficile dans la cité. Les femmes restent seules avec les enfants. Les hommes travaillent à l'extérieur. Des métiers de chien ! Ceux que personne ne veut plus exercer en France. La culture du bled est importée dans la cité, comme un bloc résistant peu ou prou aux tentatives de modelage des institutions républicaines. C'est avant tout un art de vivre. Plus tard les choses vont se gâter et virer au communautarisme. Dommage, les tenants de la laïcité à tout crin n'ont pas su valoriser les fondements de cet art de vivre qui se prêtaient naturellement à la vie en société. Ils nous ont fait croire que la laïcité s'opposait à la religion. Comment a-t-on osé mépriser la foi en Dieu des pauvres gens, eux qui n'ont que la foi, l'espoir pour survivre ? Aujourd'hui, force est de redéfinir les mots sur le plan juridique, la laïcité retrouve son sens originel et pragmatique : partager les lois de la République dans la sphère publique, sans renoncer nécessairement à son culte religieux dès lors qu'il s'exprime dans la sphère privée. Mais les dégâts sont faits.

Ma mère lave la laine et les tapis à la rivière. Elle aime par-dessus tout l'eau vive qui coule. Tout le monde s'entraide. À chaque mariage, les familles préparent des gâteaux ensemble. La cité, en ses débuts, est un lieu de découverte de diverses cultures. Des cultures de pauvres gens certes, mais vivantes. Les bâtiments dessinent la géographie de ces univers différents. Dans le bâtiment H, les familles maghrébines sont en nombre. C'est l'immeuble des grands appartements qui peuvent héberger les familles nombreuses. Dans le bâtiment F, on trouve plutôt des familles ouvrières françaises, des pieds-noirs, des Portugais et des Espagnols. Ils n'ont que deux ou trois enfants, les appartements sont plus petits. Mais il y a aussi un grand F7, celui qui nous a été attribué. Par son sens relationnel inné, son goût pour l'animation de la vie, ma mère crée le lien entre tous.

Mon père part travailler à six heures le matin, et rentre vers quatre heures, exténué. À peine installé dans son fauteuil en face de la télévision, il appelle les plus petits, sort de sa poche un papier d'aluminium avec des petits morceaux de viande et un peu de fromage, qu'il a gardés pour notre goûter. Il appelle ensuite Khadija qui doit faire son rapport de la journée. Au début elle dit la vérité, mais comme cela finit toujours mal, elle l'arrange à sa façon. Sinon surviennent la bagarre, les insultes, et les coups. Sans crier gare.

Le voisin du dessus, Monsieur Garrigue, est un déménageur français de bonne composition. Il aime aller à la pêche à la dynamite en mer. Parfois le soir, il nous apporte des dorades ou des bars déchiquetés. Ma mère ne comprend pas, c'est toujours la même chose, les poissons sont défoncés. Ce n'est pas grave, elle en fait des boulettes. Mais quand même, elle est intriguée :

– Ils sont fatigués tes poissons ? Ils ont la tête en l'air ! Eh ! voisin, tu prends pas le bon hameçon, ou alors tu tires trop fort.
– Mais, non, Khadija, pas le temps d'attraper du poisson avec un hameçon, j'préfère la dynamite. Y a trop de petits à nourrir !

Malgré la dureté de la vie dans ces années-là, une ambiance de fête règne dans la cité. On chante beaucoup les yéyés de l'époque. Claude François et Mike Brant sont les idoles des filles. Souvent des musiciens viennent au bas des tours d'immeuble avec des accordéons. Toutes les filles aux fenêtres chantent Mike Brant dans une sorte de karaoké sans matériel sono ni micro. Uniquement des voix, de l'élan et de la joie. Cela peut durer des heures. Les hommes ne sont pas là, les filles y mettent du cœur. Dehors, les enfants vivent en bande, de garçons bien entendu, tous âges confondus. Nous guettons les coups de klaxon du Tunisien qui vient vendre ses melons de Cavaillon à l'entrée de la cité. Deux coups, trois coups plus longs, personne ne descend. Il appelle les enfants. D'un seul et même mouvement, la bande se rue au pied de la camionnette. Le marchand ambulant coupe en tranches deux ou trois melons bien sucrés dont il nous régale. Il avise le plus grand des garçons :

– Tiens, tu prends ce cageot. Y a dix melons, j'en veux huit francs le cageot. Tu te débrouilles, tu les vends comme tu veux, mais moi, tu me rapportes huit francs, d'accord mon p'tit gars ?

Tous réclament leur cageot en braillant fort :

– Moi aussi, M'sieur, un cageot, un cageot ! j'habite dans le bâtiment F, j'te les vends tous.

VRP improvisés, nous frappons à toutes les portes des bâtiments et proposons nos melons à dix francs. Belle petite recette ! Gagner des petits sous, être en compétition les uns avec les autres, se régaler au passage, tous ces petits riens égaient nos journées d'ennui à traîner dans la cité. Titus, le vendeur de glace vient l'après-midi. Il tire une grosse caisse fixée à une mobylette mal en point. Sa corne sonne, un son aigu qui s'étire dans la touffeur de l'air. La bande se déplace aussitôt comme un seul homme. Nous avons le sens des cortèges dans notre culture. Nous le regardons ouvrir ses boîtes bien calées dans la neige carbonique. Nous salivons de plaisir. Les quelques sous gagnés le matin permettent d'acheter ses fabuleuses glaces au coco ou des pommes d'amour.

Les dimanches d'été la bande de chenapans s'organise. Il fait très chaud. Nous allons ramasser des fruits dans la colline. Chacun file chez soi récupérer des sacs en plastique. Nos parents nous demandent ce que nous allons faire.

– On va dans la colline, on vous ramène des fruits.
– Prends bien mûr, mon fils !

La bande de garçons s'ébranle. Quelques rares filles les rejoignent, des délurées qui ont échappé à la surveillance des parents. Elles prendront une raclée le soir, mais l'appel de la liberté vaut bien une raclée de plus. Nous marchons dans la colline, un bâton à la main, en groupe destructuré. Le chant des cigales monte avec la chaleur dans un crescendo qui ne cessera qu'à la tombée de la nuit. Nos rires et nos disputes font fuir les oiseaux dans la garrigue. Lors de nos toutes premières virées, nous sommes d'innocents petits Tom Sawyer, mais au fur et à mesure de nos escapades nous rencontrons des maisons isolées, des vélos bien rangés qui ne demandent qu'à servir. Un dimanche, nous tombons sur une belle villa avec une grande piscine. Pas de grillage, pas de muret d'enceinte, juste une haie de lauriers en fleurs rouges, blancs, roses. Cette piscine nous fait bader. Des hirondelles font des vols planés sur le bassin, et boivent en rasant l'eau avec beaucoup d'habilité. Il fait tellement chaud. Pas un bruit dans la maison, apparemment il n'y a personne. Tapis dans les feuillages, nous nous regardons les uns les autres. Nul besoin de parler, d'un seul coup d'œil, le groupe court et plonge dans le bassin tout habillé, chaussures y compris. Heureusement d'ailleurs, car les propriétaires surpris dans leur sieste par notre vacarme, sortent de la maison des balais à la main. Nous nous sauvons immédiatement, trempés et apeurés. Les propriétaires nous poursuivent. Nous aimons l'adrénaline. Nous nous cachons dans la vigne, ils renoncent à nous attraper. Ouf ! quelle peur quand même ! Un peu plus loin, nous chapardons dans les vergers des figues, des pêches, dans les jardins des piments, des poivrons, des oignons. Partis les mains vides, nous revenons les mains pleines. Mais beaucoup trop tard, la nuit commence à tomber. Sur la route, nous avons très peur de la correction que nous allons recevoir en arrivant à la maison. Chacun prie à sa façon. L'un d'entre nous récite à tour de rôle Au nom du Père et Allahu akbar.

– Qu'est-ce que tu racontes ?
– Ah ! ben moi, pour qu'on me frappe pas, j'essaie tout ! eh ! eh !
– Et ça marche ?
– J'te dirai demain. Essaie toi aussi, tu verras bien.

Nous sommes turbulents, toujours en quête d'une occupation dès que nous sommes sortis de l'école. Dans les environs de la cité coule une rivière polluée, le Jarret, dans laquelle se jettent les égouts de notre quartier en développement. Elle est encombrée de vieux cageots, de sacs en plastique, de détritus divers et variés. Nos parents nous ont interdit d'y aller. La polio a déjà frappé certaines familles, les vaccins ne sont pas encore entrés dans nos mœurs. Mais la tentation est proportionnelle à l'intensité de la chaleur. Et puis, la chasse au trésor nous réserve peut-être des surprises, qui sait ? Nous y allons en cachette. Nous nageons dans cette eau troublée, en buvons un peu au passage, nous lançons au loin les déchets abandonnés, nous nous amusons bien. Pendant ce temps, ma mère nous cherche partout. Un martinet à la main, elle marche dans toutes les directions et scrute les environs. Elle finit par nous apercevoir perchés sur un arbre en train de plonger dans la rivière.

– Ah ! vous êtes ici, bande de petits salopards ? Sortez de là immédiatement.

Toute la bande défile, arabe, juif, noir, chacun se présente devant elle tête basse et se prend un coup de bâton au passage. Un gamin ose se rebeller :

– T'es pas ma mère, t'as pas le droit de me taper !
– La ferme toi ! Appelle ta mère après, tu lui dis que je t'ai frappé. Et elle va t'en donner une autre !

La laïcité chez nous, c'est plutôt l'aïd dans la cité, un art de vivre sans préjugés religieux. Les hommes tuent le mouton rituellement dans une vielle ferme abandonnée près de La Rose, les femmes le lavent à la rivière à côté. Leurs maris suspendent les bêtes sacrifiées aux platanes puis les dépècent consciencieusement. Et la fête se déploie dans la joie et le partage. La ferme est en ruine, elle n'a plus de toit, les poutres sont mangées par la mérule. L'endroit est dangereux, mais qu'importe, il est là à notre disposition. L'après-midi les femmes s'y installent par petits groupes d'affinité. Les enfants courent partout, apportent du bois à la demande de leurs mères qui brûlent les têtes de mouton et les pieds. Pas de gaspillage ! On critique celles qui, déjà occidentalisées, ne brûlent pas les têtes et les pieds, elles ne respectent pas la tradition. Ça commence comme ça, et un jour, elles vont mettre carrément la famille sur la paille. Faut pas perdre ce qu'Allah a bien voulu te donner ! Il y a beaucoup de fumée, on se croirait dans un camp indien. Dans l'odeur tenace des têtes et des pieds boucanés, protégées par les voiles de fumée qui montent vers le ciel ouvert, nos mères vident leurs sacs, pleins d'amertume et de souffrances. Elles se racontent leur vie dans des groupes de parole avant l'heure, la verbalisation œuvrant telle une thérapie collective. En tous cas, parler aide à survivre. Que deviennent leurs filles, à quand le mariage, avec qui elles vont bien pouvoir les caser ? Il faut surveiller les filles comme des tomates prêtes à pourrir dans un cageot. C'est le principal sujet de conversation. Elles sont belles les filles. L'école est obligatoire, elles peuvent y rencontrer d'autres garçons, des étrangers pour nous. Le risque est là, perdre notre culture, il faut vite se débarrasser des filles pubères. Les femmes cherchent à soumettre les filles plus violemment qu'elles n'ont été soumises elles-mêmes au pays. Il faut dire que les hommes leur mènent la vie dure avec cette obsession de devoir protéger coûte que coûte leur culture maghrébine.

Vers seize heures, un Marocain arrive avec son J5. Il klaxonne et vend des légumes frais pour l'aïd. Elles achètent des cageots de poivrons, qu'elles s'empressent de faire griller. Il ne faut pas gaspiller la braise non plus ! Les odeurs de grillades embaument la ferme. La première journée de la fête, on grille les abats, le foie, le cœur, les tripes. On en fait des brochettes. Les européennes se joignent aux femmes. Madame Garrigue, Madame Perez, Madame Sardou, Madame Fernandez, Madame Gonzales déplient leurs chaises de toile brute, s'installent en rang d'oignon dans un coin de la ferme. Leurs filles et belles-filles les accompagnent. Très méditerranéennes, elles ont mis de belles robes fleuries pour l'occasion. D'une certaine façon, nous sommes leur émission de téléréalité. Elles ne ratent pas leur place ! Après les poivrons, une femme apporte un grand plateau, du thé à la menthe, un pain de sucre et quelques brochettes de cœur et de foie que nous allons déguster entre femmes et enfants avant le retour des hommes.

Puis tout le monde fait la vaisselle, nettoie le lieu, range le matériel de cuisson, et vers 19 heures, femmes et enfants se dirigent en cortège vers la cité où les hommes les attendent. À chaque balcon pend un agneau, attaché par un tissu rouge et vert. Tous parlent de mouton. Les enfants des familles européennes se sentent un peu exclus, leurs pères n'ont pas acheté de mouton. Ils sont vite intégrés à la fête, invités à partager les brochettes de ce premier soir d'aïd. Partout la même odeur de grillade inonde la cité, associée à la joie qui se répand. C'est un peu comme à Noël.

Noël est l'autre temps festif de la cité. Toutes les familles maghrébines, à l'exception de cinq ou six récalcitrantes, fêtent Noël dans la cité. Ma mère est la championne de Noël. Nous avons un sapin ! Ali l'achète au supermarché, l'installe dans le séjour, les enfants accrochent les guirlandes. Au début, nous n'avons pas de crèche, mais au fur et à mesure des années, nous gagnons des santons dans les loteries. Nous en fabriquons aussi à l'école et les rapportons à la maison, après les avoir peints, fiers de nos créations. Nous bricolons peu à peu notre crèche provençale avec la ferveur dont les enfants sont capables. La culture entre dans nos hlm par l'école. Que ne l'a-t-on trop oublié !

Toute la journée du 24 décembre ma mère et mes sœurs s'affairent dans la cuisine. Le soir du réveillon, elles nous gâtent d'un merveilleux repas, aussi bon et fastueux que dans n'importe quelle famille bourgeoise de France et de Navarre. Les premières années une belle dinde est à l'honneur, puis ce sera le chapon plus luxueux, des toasts, du vin, du champagne, des vols au vent à la financière, cuisinés par mes sœurs. Khadija en profite pour inviter du monde d'Algérie. Nous avons toujours un invité, un douanier, un mari potentiel. Elle leur en fiche plein la vue. Tous les enfants sont mobilisés, nous sommes les experts du vol à l'étalage. Noël est un grand moment pour nous. Les œuvres sociales, le Secours populaire tout particulièrement, envoient des camions avec une foultitude de cadeaux d'occasion. Pas besoin de klaxonner plusieurs fois. Les femmes arabes arrivent en courant cette fois, plus vite que les autres femmes de la cité.

On met les cadeaux au pied du sapin. Il faut attendre jusqu'au petit matin pour découvrir la surprise. Mon premier cadeau, c'est une grue jaune en plastique, pas très jolie, mais c'est un cadeau. Elle a l'attrait de ce qui a été donné avec le cœur. Je la nettoie un peu et je la garde très, très longtemps. Un jour, en colonie de vacances de Mandelieu, je reçois un nounours grand comme moi. Les souffrances de la misère sont ensevelies sous la joie immense de Noël, cette fête qui vous fait comprendre que la vie est une naissance perpétuelle, et que tout est encore possible. Il faut juste tenir le coup, ne pas baisser les bras.

À chaque rentrée des classes du primaire, ma mère nous accompagne. Les allocations familiales ajoutées aux manies de propreté de Khadija réussissent ce prodige de faire de nous des gamins tirés à quatre épingles, rutilants comme des sous neufs. De grandes listes de noms punaisées dans le préau indiquent les classes des élèves. Khadija ne sait pas lire.

– Lis sur les listes, mon fils, cherche ton nom.

Je déchiffre toutes les listes une à une, mon nom n'est nulle part. Khadija sent l'angoisse monter, elle commence à s'énerver. On ne veut pas de son fils ? Elle regarde partout autour d'elle. Les enfants se rangent petit à petit devant les classes, la cour s'éclaircit. Ah ! là-bas, il y a un groupe de grands garçons, les plus grands de l'école, rassemblés en file indienne dans l'ombre du préau.

– Regarde, mon fils, ils t'ont peut-être mis avec les grands. Va voir là-bas !

Je regarde attentivement la liste des grands. Mon nom y est !

– Bouchta Saïdoun ! Je suis là Khadija ! je suis là ! ils m'ont mis avec les grands.

Tout d'un coup, Khadija est très émue. D'un geste pudique de la main, elle essuie les larmes qui montent à ses yeux. Son fils est avec les grands ! Quelle fierté ! Elle fonce aussitôt vers les institutrices en petit conciliabule et les remercie chaleureusement. Des sourires gênés apparaissent sur leurs visages. Pauvre Khadija, ces grands gaillards sont tous des fils d'immigrés, maghrébins, gitans, espagnols… tous des exclus de l'école de la République qui ne sait pas quoi en faire et les rassemble dans une classe dite de transition, où ils vont passer le temps, une année encore, en attendant d'atteindre les seize ans qui les autoriseront à quitter l'école. Transition à coup sûr… vers l'échec et l'exclusion. Dans le fond, la France a pris nos parents en transition eux aussi. L'Afrique du Nord a été une grosse boîte d'intérim bon marché. Il est vrai que c'était compliqué, nos parents sont arrivés en masse et n'étaient pas chrétiens. Ils étaient juste là pour un temps, pour résoudre les problèmes économiques. Nos parents aussi espéraient bien repartir au bled après avoir amassé un petit pécule, preuve de leur réussite. Les non-dits génèrent des malentendus qui vont orienter l'histoire des civilisations. N'oublions pas cependant qu'il faut être deux pour qu'il y ait malentendu. Personne ne songeait à la France de demain.

L'Éducation nationale a fait de son mieux pour éduquer les enfants d'immigrés, dans les années soixante-dix. Ses efforts étaient réels. Les enseignants totalement impliqués. Mais l'école est autant l'affaire des parents que de leurs enfants. Quand ils ne sont pas derrière leur progéniture, quand ils ne rêvent pas la réussite des leurs, l'école est peine perdue. Il aurait fallu obliger nos parents à aller à l'école des adultes, leur expliquer ce que veut dire éduquer des enfants. Trop d'enfants dans nos familles. La promiscuité est un grand malheur. Nos parents se débrouillaient pour nous garder vivants, ils ne cherchaient pas à nous éduquer. Ils nous transmettaient simplement le mode d'emploi de la survie, le seul qu'ils connaissaient. Ce n'était déjà pas si mal ! L'école n'était pas pour la majorité d'entre nous.

Quelquefois la maîtresse se déplace à la maison, désirant parler à ma mère. Dès qu'elle constate de visu la misère de notre environnement, elle baisse les bras. Elle vient pour sauver le petit, elle repart en voulant sauver la mère ! L'école ne peut pas porter toute la misère du monde. À l'école, les parents sont invités à des réunions. Ils sont honteux. Ils ne savent ni lire ni écrire, et parlent très mal le français. Nos grands frères y vont une ou deux fois, mais très vite, ils n'y trouvent pas leur place. Ma mère n'y va jamais. Elle a toujours peur de ces petits papiers qu'on nous donne régulièrement pour communiquer avec la famille. Un jour, l'une de mes sœurs rentre de l'école avec un petit papier signalant une épidémie de poux. Il faut traiter les enfants. Ma mère nous demande de lui lire le papier. Elle n'entend que le mot poux, ce mot qui lui fait horreur, qui signifie indignité, pauvreté, saleté. Arabe. Elle file à l'école, rentre sans frapper dans la classe de ma sœur et interpelle la maîtresse :

– Qu'est-ce qu'il y a marqué ? ma fille, elle a des poux ?
– J'ai pas dit votre fille, on a juste signalé, c'est tout !
– Tu as dit ma fille puisque tu lui as donné le papier ! Alors maintenant, je veux que tu lèves le pou de sa tête et tu le poses ici. ICI, tu m'entends ?

Elle tend sa main couverte de henné. Les enfants de la classe ne peuvent s'empêcher de rire. On appelle le directeur de l'école.

– Mais, madame, même si elle le trouve... Bon, admettons qu'elle le trouve, un pou noir sur du henné noir, qui va le voir ? Allez, rentrez chez vous.

Ma mère s'énerve après l'enseignante. Elle menace de la frapper.

– Je veux qu'elle me sort le pou, je veux qu'elle me sort le pou !

Khadija hurle dans la classe, les enfants rient aux éclats. Patiemment le directeur, la convainc que sa fille n'a pas de poux. La maîtresse a seulement voulu prévenir que d'autres enfants peuvent avoir des poux. Il la félicite du soin qu'elle apporte à ses petits, on voit bien qu'ils sont très propres. Khadija se calme.

Il m'arrive de revenir de l'école avec un papier indiquant « assurance non payée ». Khadija voit rouge.

– Quoi assurance pas payée, qu'elle aille se faire voir. Qu'est-ce qu'elle fait cette pieuvre, elle mange l'argent ? Toujours la coopérative, la coopérative, la coopérative. Demain !

Un seul grand papier met Khadija de bonne humeur au mois de mai. Il annonce la braderie de l'école. Là, elle lâche tout, rien d'autre n'a d'importance. Elle devient immédiatement inquisitrice, voulant connaître la date au plus tôt pour être la première à acheter les habits du directeur de l'école. Elle se présente avant tout le monde au stand de la famille du directeur. Chaque dimanche, mon père porte le costume de l'an passé du directeur de l'école, et ma mère est très fière !

Elle ne rate pas non plus la braderie de la maternelle. Elle adore les bébés. Elle achète la layette pour trois francs six sous, lave les petits vêtements, les range et les offre en Algérie aux femmes en galère. C'est son grand bonheur. Elle qui n'a jamais eu de jouets, elle retrouve son âme de gamine avec ces vêtements de poupons.

J'aime bien aller à l'école, mais je ne suis qu'un figurant. Trop perturbé, trop de soucis dans ma tête d'enfant. Pas d'espace libre ou suffisamment neutre pour apprendre autre chose. J'occupe déjà tout mon temps à essayer de comprendre ce que je vis au quotidien. C'est une grande affaire pour moi, observer, être spectateur, me faire une idée de ce que c'est qu'être un adulte, plus exactement être un garçon ou être une fille. Le monde des grands est tellement incohérent. Ma mère n'a pas de temps à me consacrer, sa vie est trop difficile. Mes sœurs font ce qu'elles peuvent. J'ai besoin d'une maîtresse qui s'occupe de moi, j'en rêve, mais elle s'occupe de toute la classe.

La classe papillon à la maternelle, dans un préfabriqué, me revient parfois en mémoire. Pourquoi ces souvenirs remontent-ils sans qu'on les sollicite. De quel tréfonds de moi viennent-ils ? Il y avait des lits de camp, où l'on faisait la sieste dans un calme absolu, un calme que je ne connaissais pas à la maison. Je courais dans le préau. On était tellement heureux d'avoir des petits vélos. On s'amusait. Une classe ensoleillée, lumineuse. Du bonheur.

En primaire, l'une de mes maîtresses réussit ce tour de force de me donner un peu de confiance en moi. Une très belle femme, bienveillante, formidable. Très pédagogue. J'ai un petit bureau, Bouchta est écrit sur un carton, avec de belles lettres. Elle nous apprend à lire notre nom. Quand mes yeux balaient enfin d'un seul mouvement mon nom écrit sur le carton, et que j'entends simultanément Bouchta dans ma tête, je ressens une énorme joie mêlée de fierté. Apprendre rend heureux. Mais d'une manière générale, je ne comprends pas bien ce que raconte l'enseignante. Je zappe tout le temps dans ma tête d'enfant. Toujours ailleurs. Toujours en train de penser. Alors je fais le clown pour exister un peu, pour capter l'attention de la maîtresse. Quand elle vient à côté de moi et m'explique, penchée vers moi, qu'elle s'adresse à moi seul, je comprends. Dès qu'elle s'éloigne, le miracle disparaît, la tristesse m'envahit... Pas facile la vie, je suis une erreur de casting.

Mes parents parlent en arabe entre eux mais toujours en français avec nous. Un mauvais français. Quand ta mère dit « va à la formassie, porte moi doliprane », tu écris forcément « formassie » dans ta dictée. C'est désespérant la dictée ! La maîtresse te dit « non, c'est phar/ma/cie ». Elle a beau articuler en détachant les syllabes, toi tu as bien entendu ta mère dire formassie. Tu apprends non pas l'orthographe, mais que ta famille n'est pas normale, pas comme les autres. C'est bien plus embêtant dans la vie que l'orthographe.

Je n'ai pas appris grand-chose à l'école, mais je suis très curieux et je me suis gavé de télévision, en dévorant tous les documentaires culturels ou d'actualité. J'ai beaucoup appris, oui, et je continue à apprendre chaque jour de façon non académique. Apprendre rend vraiment heureux. Une autre vie est possible, de bonnes émotions surgissent, une autre vision du monde s'ouvre à toi. Ne pas baisser les bras. Surtout ne pas baisser les bras. Tenir le coup.

Certains jours, dans l'après-midi, il y a *La petite maison dans la prairie* à la télévision. C'est le seul moment où on est tranquilles. On a mangé, le ménage est fait, on peut regarder cette série à la télévision. Elle me fait un bien extraordinaire. Je m'évade, c'est comme un antidépresseur. J'ai sept ans. Assis devant l'écran, je suis avidement la vie passionnante de Laura, Caroline, Charles et Marie. Je découvre une famille pleine d'amour, avec beaucoup d'éducation. Bien sûr, ils sont chrétiens, mais quand ils rencontrent les Indiens, ils respirent l'amour. Chez eux, pas de jugements de valeurs, pas de racisme. Cela me fait tellement du bien ! Je suis absorbé par ce monde inconnu de moi. Il existe donc autre chose dans la vie que le bidonville ou la cité ? En imagination, je me glisse dans l'univers de cette famille. Je mime Laura qui dit je vais faire ceci, je vais faire cela. J'imite également la voix off qui annonce ce que Laura va entreprendre, et je reproduis tous ses gestes. Puisqu'on peut les regarder vivre chez eux, qu'ils ont des caméras, alors eux aussi doivent nous voir vivre chez nous, dans le bidonville ou dans la cité. Je cherche en vain les caméras partout chez nous. Elles sont bien cachées, on ne peut pas les voir, mais c'est sûr, elles sont là. Petit à petit, j'en conclus qu'il me faut jouer mon rôle, sans pleurer sur mon sort. C'est ton rôle, c'est tout, tu le joues. Bouchta le caquou, Bouchta dans la galère, Bouchta dans la misère… Bouchta partage la misère de sa mère et essaie de l'alléger le plus possible. Bouchta se met en quatre pour sa mère. Bouchta ne sait pas qui il est.

Notre famille c'est un peu «affreux sale et méchant qui aurait aimé aller vers le haut». L'école aurait pu nous sauver. Si seulement, nos parents avaient pu fréquenter l'école de la parentalité.

Le système D, la débrouille sont les ressorts essentiels de la survie. Khadija est une experte en la matière. La cité hlm ayant été construite dans la campagne, un peu loin des commerçants de la ville, la vente à domicile constitue la première façon de s'approvisionner. Khadija brûle de faire du commerce. Elle commence par stocker toutes sortes de bonbons, du miel, des paquets de gâteau dans un placard soigneusement fermé à clé. Très vite, chacun vient frapper à la porte pour acheter quelques confiseries. Acheter du pain est une véritable corvée, la première boulangerie étant à plus d'un kilomètre. Comme la route à pied est un peu dangereuse, monte et descend dans le vallon, nos mères y envoient les garçons en bande. Je reviens avec dix-sept pains sur mon dos. Cela contrarie beaucoup Khadija. Chaque année des forains du nord de la France installent leur campement dans la ferme en ruine où nous préparons d'ordinaire l'aïd. L'un d'entre eux nous impressionne, on raconte qu'il fait du trafic d'or. Nous lui donnons rapidement le sobriquet de Dracula. Khadija sympathise avec lui. Il lui parle de camions qu'il peut obtenir pour pas grand-chose. Elle en rêve, elle lui passe commande. Il lui promet d'en trouver un mais il ne peut pas dire quand.

Un jour Dracula l'appelle du bas de l'immeuble. Elle se penche sur le balcon. Il lui montre d'un signe de la main un magnifique Trafic vert. Elle descend à toute vitesse, folle de joie. Toutes les femmes observent la scène de leur balcon. Elle jubile. Les maris ne sont pas là. Elle tourne autour de la camionnette, inspecte les pneus, ouvre les portes, soulève les sièges avant.

– Ouh! il est beau! combien mon fils?

– Combien ? Tu veux en faire quoi ? Une boulangerie. Allez un Pascal, ça ira !

Elle sort un billet de cinq cents francs Pascal de son soutien-gorge.

– Donne-moi les clés !
– Khadija, quand même, un camion 500 francs et encore tu demandes les clés ?
– Comment je vais faire pour fermer ma boulangerie ?
– T'achètes un cadenas, ça ira bien !
– Pourquoi tu m' donnes pas les clés ?... Et, en plus y a pas de moteur ?
– Tu m'as dit 500 francs, je te vends le camion sans le moteur, si tu m'avais dit 1 000 francs, tu aurais eu le moteur.
– Mais t'as fait quoi du moteur ?
– Ah ! ben, je l'ai vendu 500 francs à quelqu'un qui en avait besoin. Toi le camion, 500 francs, lui le moteur 500 francs ! Faut bien arranger tout le monde.
– Couillon, je fais quoi avec un camion sans moteur ?
– Tu m'as pas dit que tu voulais un moteur, tu m'as dit une boulangerie. La prochaine fois tu vas au Paris Dakar !
– Bon, alors, c'est pas grave, gare-moi le là-bas.

Il pousse la camionnette dans un coin de la cité au soleil. Khadija part aussitôt voir le boulanger à la Rose. Pendant un bon moment, elle raconte sa vie, fait rire et pleurer tout le monde. Son mari est un bon à rien, il boit. Elle se débrouille pour nourrir douze gamins. Les courses, quelle galère ! C'est trop loin. Le matin, les petits partent à l'école, il n'y a pas de pain frais. Le boulanger l'écoute sans rien dire. Cette femme a une énergie formidable. Il accepte finalement de lui livrer des bannettes de pain à cinq heures chaque matin, moyennant une marge pour elle. Le partenariat va durer cinq ans.

Khadija s'arrange avec tout le monde. Le plaisir du business n'a pas de limite. Avant l'installation de sa camionnette sans moteur, un livreur d'œufs passait prendre les commandes des familles. Il s'appuyait sur les enfants pour se faire ouvrir les portes.

– Ta mère, elle est là ?
– Oui, elle est là-haut, elle dort.
– Dis-lui que je suis là.

Il entrait, demandait des nouvelles de la famille, discutait un moment de la pluie et du beau temps, et inscrivait les commandes dans un gros carnet. À la fin du mois, les familles étaient fauchées. Les femmes hésitaient à passer commande.

– Prends! prends! tu paieras le 5 quand les allocs seront arrivées. Y a pas de problème.

Le 5 du mois, ponctuel, il est là et collecte sa recette. Khadija se met en cheville avec lui, lui propose de vendre ses œufs elle-même, cela lui évitera les déplacements. Le commerce se modernise, il a maintenant un distributeur local.

La camionnette devient le point de ralliement de la cité. Les nuits sont longues l'été, Khadija travaille du lever du soleil à deux heures du matin. L'hiver, elle rentre à vingt-deux heures. Elle vend du pain, des viennoiseries, puis des œufs, et de fil en aiguille la camionnette se transforme en une épicerie où elle vend un peu de tout, du miel, du lait, le journal, tout ce dont vous avez besoin à la demande. Khadija fait des bénéfices, nous mangeons bien à cette époque. Camion-épicerie de proximité, camion du ramadan, camion-bar, camion confessionnal, la camionnette est un haut lieu stratégique à partir duquel elle voit tout ce qu'il se passe dans la cité. Elle encourage les filles à ne pas se droguer, parle de longs moments avec elles, leur donne des brioches pour les réconforter.

Pas de patente, pas de permis, elle change régulièrement le camion de place. La police vient tout aussi régulièrement.

– Montre-moi ton permis !
– Le permis ? Il y en a pas ! Pas besoin de permis, le moteur il y en a pas !
– Comment tu n'as pas de moteur, tu bouges bien ton camion de place pourtant !
– Eh ! quand les voisins ont pitié de moi, ils me bougent le camion. Allez ! tiens mange une pizza !

Et les voilà qui bavardent autour d'une pizza. Il repart. Cette police de proximité, compréhensive, joue un grand rôle de pacification dans la cité. Ces mêmes policiers font faire du sport l'été aux adolescents qui n'ont plus l'âge d'aller en colonies de vacances. Ils savent réguler les tensions, faire admettre les lois de la République. La diminution drastique des effectifs de policiers qui va suivre en zones urbaines laisse les cités à l'abandon.

La cité, c'est encore pour moi tout petit, cette magnifique Espagnole qui vient à la maison, toujours pimpante dans ses robes à volants de couleurs vives, juchée sur des talons hauts, ses longs cheveux noirs bien coiffés, bien maquillée. Je l'admire tant elle est belle, elle sent bon. Je ne la quitte pas des yeux. Elle m'emmène partout avec elle. Petits moments de bonheurs inoubliables. Découverte que la féminité a quelque chose de doux, de beau, tellement loin de la brutalité machiste de nos hommes. Je ne sais pas bien ce que je suis en réalité. Garçon ou fille ? J'appartiens à la bande des garçons, mais je traîne aussi beaucoup avec les filles. J'observe les unes, les autres. Khadija n'a décidément pas le temps de s'occuper de moi, mon père est absent. Je vis dans un monde de femmes. C'est troublant. Je ne veux pas être violent, est-ce qu'être un homme c'est forcément être violent, grossier, sans aucune sensibilité ? Alors j'aimerais mieux être une femme. Mais si c'est pour subir la violence des hommes ! Je suis sensible comme les femmes, comme mes sœurs qui m'élèvent à la maison, j'ai une peur bleue des coups que me donnent mes frères… et pourtant il va bien falloir que je devienne un homme un jour, c'est plus simple. On doit souffrir moins.

J'aime le soleil depuis tout petit, je le cherche dans le moindre recoin. Souvent, je trouve un endroit ensoleillé, je regarde longtemps les rayons du soleil. Mes yeux clignent, l'un après l'autre, puis les deux, des ombres apparaissent et disparaissent dans l'azur. Je les fais varier de taille, d'intensité, cela me détend. J'observe les voisins qui passent, les chats qui ont toujours l'air de filer comme des voleurs. Je ne suis jamais loin du balcon de ma mère. Je l'aperçois au milieu de sa pile de linge à laver, elle astique, elle étend le linge mouillé en chantant, ou plutôt en psalmodiant ses malheurs de femme. L'odeur de la lessive descend doucement sur moi, je la respire profondément, comme l'essence de l'âme de Khadija. Quand elle me voit, assis au soleil à ne rien faire, elle me houspille du haut de son balcon.

– Allez, rends-toi utile, apporte-moi des épingles à linge. Je t'envoie ton frère pour t'aider.

Kader est le petit dernier. Trop content de pouvoir sortir, il me rejoint en courant avec deux sacs en plastique. Il nous faut ramasser toutes les épingles à linge tombées des balcons. Dans notre culture, tout se récupère, rien ne se perd. Quand on a bien travaillé, Khadija nous permet de rester plus longtemps dehors. Nous nous exécutons avec joie. J'organise mes secteurs de ramassage selon les tours. Il arrive souvent qu'un petit de trois ans, confiné à la maison, joue sur son balcon. Nous lui faisons des grimaces, lui lançons de petits cailloux. Il se prend au jeu, se défend comme un petit diable en nous envoyant les épingles à linge de sa mère. Nous faisons semblant d'être atteints, il éclate de rire, nous envoie d'autres projectiles que nous nous empressons d'enfouir dans nos sacs en plastique. Nous avons rentabilisé la production à notre façon, nous rentrons nos sacs remplis d'épingles à linge en bois, uniquement celles de bonne qualité. Notre petit jeu finit par être découvert. Une maman vient réclamer ses épingles. Khadija s'étonne. « Mon fils, le petit de trois ans, il a jeté toutes mes épingles à tes fils dehors. Ils sont malins les tiens ! rends-moi mes épingles », rouspète la maman en colère. Khadija rend les épingles et nous prive de sortie.

Dès les années quatre-vingts la fête s'éteint définitivement dans la cité, la drogue envahit le quotidien brutalement. Filles et garçons dealent, se piquent. Beaucoup de familles perdent plusieurs jeunes dans des règlements de compte tragiques. Les filles fuguent, elles échappent à la surveillance des frères, tombent amoureuses d'un Corse, d'un Italien, d'un Juif, tout ce qui n'est pas permis par l'Islam. Ma mère court partout en ville à la recherche de l'une de mes sœurs qui a fugué. Elle s'épuise à ramener ses filles dans le giron familial, à les éloigner du fléau de la drogue et du sida qui galope plus vite qu'elle. Toutes les familles maghrébines des cités perdent des jeunes dans des trafics mortels d'héroïne, et de cocaïne. Khadija, énervée, crie souvent dans l'appartement : « je vous ai donné la vie, si quelqu'un doit vous tuer ça sera moi, pas ces drogues de malheur ». Elle a tellement couru après ses enfants en perdition qu'elle ne les a pas perdus.

Les autorités finissent par expulser les dix familles les plus problématiques, la nôtre parmi les premières. On nous reloge à Saint-Gabriel, dans la rue des Corses. Fini les grands ensembles, nous intégrons une maison achetée par l'OPAC dans une ruelle calme. Une grosse maison rien qu'à nous, avec une cour en guise de jardin. C'est une autre époque.

À ériger la laïcité comme la marque d'une idéologie d'instruits plutôt que d'en faire un fondement vivant de la République, les politiques ont laissé mourir « l'aïd dans la cité », ce désir des gens simples de partager un art de vivre qui apporte la paix et le respect de l'autre. Nous aurions pu nous rencontrer sur ces valeurs communes. Une autre idéologie, venue de l'étranger, mortifère, aveugle et sanglante, va gangréner les quartiers, semer les graines empoisonnées de l'extrémisme, et laisser pousser le chiendent du djihadisme, difficile à éradiquer quand on l'a laissé se développer. L'ignorance des politiques n'est-elle pas plus dérangeante dans le fond que celle des pauvres gens sans instruction dans les cités ? La République a sans doute été débordée par cette misère comme ma mère par ses galères. Qui ne reconnaît pas la misère ne saurait l'endiguer.

Destins de filles

Chez nous, les garçons peuvent aller librement, exprimer leur virilité à l'extérieur de la maison. Farid, l'aîné, est beau comme un dieu, particulièrement aux yeux de Khadija. Ses yeux clairs la font craquer, elle lui pardonne tout. Il en profite. Il ne manque pas un épisode de Dallas à la télévision, et joue l'Américain dans la vie. Lui a le droit de tomber amoureux d'une Italienne en discothèque, la belle Roseline, que nous surnommons Sue Helen. Khadija ferme les yeux, après tout c'est l'aîné, c'est un garçon, il n'a pas de compte à rendre.

La pérennisation de la tradition maghrébine incombe aux filles. Redouane, est le gardien de la flamme, le chien de garde qui surveille nos sœurs. Au moindre faux pas, il les dénonce à Khadija, les tabasse pour les faire rentrer dans le rang. Il fait de même avec moi. C'est un dur ! Alima, l'aînée des filles porte une responsabilité énorme sur ses petites épaules. Elle devra être la fille idéale qui consacrera sa mère en tant que mère maghrébine idéale. Khadija veut être la première en tout dans la cité, et la meilleure, celle que l'on ne peut pas critiquer, celle qu'on admire et dont les autres femmes vont suivre l'exemple. Alima est une petite fille enjouée, un peu naïve, toujours en train de chanter.

Elle va à l'école, fait le ménage en rentrant, s'occupe des petits au détriment de ses devoirs. Bref, elle seconde bien Khadija qui la regarde grandir, surveillant les premières règles, et la pointe des seins naissant. Ses quinze ans à peine sonnés, ma mère décide de la marier. Il y a urgence. Le père rentre saoul le soir après le travail. Il délire sans cesse et s'en prend à sa femme. Dans le quartier, des mauvaises langues lui ont raconté qu'on voit Alima avec un garçon, un type pas de chez nous. Il voit rouge, Khadija ne la surveille pas assez. Ma mère nie, elle se prend des coups. Des disputes éclatent à la maison, les insultes pleuvent. Planqué derrière les jambes de ma mère que je n'ose pas agripper, j'assiste à ces règlements de compte comme un spectateur ne comprenant pas grand-chose. Un soir, la dispute dérape. Ali attrape la petite, la couche sur la table en formica bleu, et menace ma mère :

– J'veux rien savoir, tu m'racontes n'importe quoi. Tu regardes maintenant si elle est vierge ou pas. Dépêche-toi ou je t'en flanque une autre.

Il plaque la tête de ma mère entre les jambes de ma sœur terrorisée. C'en est trop, Khadija en a trop vu avec les délires éthyliques de cet homme. Il lui faut marier Alima au plus vite, la faire dépuceler officiellement, pour qu'on lui fiche la paix – à elle – et que l'honneur de la famille soit sauvegardé. Cela devient son obsession.

Peu de temps après, elle part au bled et ramène un garçon. Un beau gosse, une sorte de Mike Brant version orientale. Beau à faire pâlir Alima, pense-t-elle. Ma sœur adolescente est flattée des jeux de séduction du garçon, mais n'y attache pas vraiment d'importance. Khadija facilite les rencontres, Alima ne se doute de rien. Le garçon est ferronnier au bled. Elle fait construire une maison en Algérie, cela fait son affaire. Elle a fait ses calculs depuis un moment, la ferronnerie ne lui coûtera pas grand-chose.

Les prémisses de la découverte ayant assez duré, Khadija annonce un matin à sa fille qu'elle va la marier avec ce garçon. Alima est interloquée.

– Non, moi, je vais à l'école, j'veux pas me marier.
– Tu la fermes, tu te maries un point c'est tout. Il est beau, de quoi tu te plains ? T'es contente d'avoir rendu jalouses tes copines, hein ? Eh ben, fallait pas parler de lui comme ça. Tu t'es engagée ma fille, t'as plus le choix.

Alima est mariée contrainte et forcée. Khadija donne l'exemple dans la cité, elle inaugure le premier mariage traditionnel. Du haut de mes cinq ans, petit bout fragile, je vois ma mère, ma grand-mère et ma tante s'agiter. Elles préparent une grande fête. On a réservé pour l'occasion la salle des fêtes à côté de la maternelle, un préfabriqué monté à la va vite à côté des hlm pour faire face au boum démographique. Les Français la réservent aux majorettes, aux boules ou au jeu de loto, les immigrés au mariage de force. J'ai cinq ans, un costume et des sandales. La conscience de mon accoutrement tellement incongruent me donne le sens du ridicule ! Ce n'est pas moi qui suis dans ce costume absurde, c'est un autre, petit spectateur de la violence des grands, qui ne comprend rien à cette agitation angoissante.

Ma sœur est secouée de pleurs déchirants. Rien n'y fait. Il faudra qu'elle soit dépucelée et que son mari donne la preuve qu'elle était bien vierge en montrant son vêtement tâché de sang jaunâtre. Il fait très chaud. À cinq heures de l'après-midi Khadija donne le signal. Alima est emmenée dans l'appartement où notre mère a décoré une chambre de fausses fourrures orange et rouge. Le couvre-lit, le pouf assorti, la coiffeuse avec le miroir arrondi, tout est en place pour maquiller ce viol officiel en nuit de noces romantique. Alima hurle qu'elle ne veut pas y aller. On la pousse dans la chambre. Assistée de ma grand-mère et ma tante, ma mère tient la porte, derrière laquelle ce type inconnu viole ma sœur. Je suis là moi aussi, dans les jambes de Khadija qui ne fait pas attention à moi. Tétanisé de peur, j'assiste au combat de la petite chèvre de Monsieur Seguin avec le méchant loup. La maîtresse avait raconté cette histoire à l'une de mes sœurs, qui me l'avait racontée à son tour. J'entends ses cris, ses pleurs. Elle se débat, hurle, griffe, il la mort sauvagement. C'est un homme, nous fait-il savoir à travers les bruits de lutte, il doit la soumettre. Alima essaie de s'échapper, ma tante la repousse de toutes ses forces à l'intérieur de la chambre. La place est sans issue. Derrière la porte, les trois femmes impassibles attendent qu'il exhibe le linge souillé. Dans la salle des fêtes, les invités dansent et chantent. La musique monte jusqu'à nous, totalement décalée. Mes cinq autres sœurs apeurées se sont cachées dans une chambre. Elles aussi entendent les cris et les coups. Derrière la porte, je reste sans voix, spectateur dissocié d'un film d'horreur dont il n'y aurait que le son. Pauvre petite chèvre de Monsieur Seguin ! À la fin, exténuée, elle se rend. Le loup la contraint d'un dernier coup de butoir mâle sur l'autel de sa virginité, et apporte la preuve de l'honneur de la famille autant que sa propre virilité. Les trois femmes, repartent aussitôt dans la salle des fêtes, soulagées et satisfaites. Elles courent derrière le marié qui agite la chemise déchirée de sa proie au bout de son bras. Les youyous retentissent dans la salle. Alima était vierge, Alima est une femme mariée maintenant !

Alima est recroquevillée dans un coin de la chambre. Elle pleure. Elle pleure longtemps. Quand elle reprend enfin ses esprits, elle jure de s'échapper. Le lendemain elle se réfugie à l'école, et raconte tout à sa maîtresse. La directrice de l'école vient voir Khadija à la maison. Ma mère a peur tout à coup, on va lui supprimer les allocations familiales si elle continue. Le mariage forcé ça ne se fait pas en France, surtout si jeune. Quel mariage forcé ? C'est une tradition c'est tout. Toutes les femmes y passent, on en fait pas tout ce tintoin.

Alima est enceinte, du premier jour. Elle ne dit rien à la maison, mais se confie à l'école. La directrice la fait avorter clandestinement. Elle assume courageusement la responsabilité d'un acte encore interdit en France. Le sort de cette petite l'émeut aux larmes. Elle la prend en charge, lui fait passer un diplôme de coiffure qu'Alima réussit du premier coup, découvrant du même coup que la liberté d'une femme passe par le travail. Son premier salaire de coiffeuse en poche, elle loue un appartement en centre-ville, et quitte la famille. Pendant des années, ni homme ni femme ne pourront la toucher. Elle reste seule, repliée sur elle-même. Seul son travail de coiffeuse lui donne le sentiment d'être vivante, en paix. Elle passe nous voir malgré tout, de temps en temps, comme la fille déchue qui n'a plus le droit de venir.

Son mari d'un jour n'a rien compris. Il retourne en Algérie, où il se marie à nouveau, avec une moins rebelle. Mais Khadija demeure sa belle-mère préférée, comme il est le beau-fils préféré. Il lui rend visite régulièrement, ils font leurs affaires ensemble. Elle trouve toujours un bon arrangement avec lui pour les ferronneries de la maison, cette maison dont on entend parler sans arrêt, qu'elle ne finit jamais de construire là-bas au bled.

Du jour de ce mariage inaugural raté dans la cité, mes cinq autres sœurs savent ce qui les attend. Khadija a beau dire qu'Alima est une ingrate, qu'elle lui avait choisi un bon mari, que tout ça c'est du cinéma, qu'elle nous fait perdre notre culture, que la culture c'est sacré pour nous les musulmans, elles sont traumatisées autant que moi. Alors dès que vient l'âge du mariage, elles s'échappent à tour de rôle.

L'Algérie est indépendante depuis quelques années maintenant. Les immigrés nés dans les années soixante sur le territoire français doivent se faire naturaliser. Alima se précipite à la mairie de Marseille. Bien sûr, elle veut être française, dit-elle à l'employé de l'État civil timidement. Dans son for intérieur elle se réjouit de pouvoir enfin effacer cette fatalité culturelle qui lui a tellement fait violence. Peut-être la douleur disparaîtra-t-elle par la même occasion. Le fonctionnaire enregistre sa demande et lui propose de changer son prénom. Son cœur saute de joie.

– Ah! oui? comment je peux m'appeler?

— Alima c'est presque Aline. La chanson de Christophe vous aimez pas ?

Certainement. Alima la fredonne souvent. Alors va pour Aline sur son état-civil.

Quelques mois plus tard, Khadija se rend à la mairie. Elle a l'habitude d'utiliser chaque année son livret de famille comme un agenda. Dans les pages décès, restées libres, elle inscrit les rendez-vous chez les médecins, les références de pièces mécaniques qu'on lui demande en Algérie, les noms des douaniers pour mieux négocier dans son trafic entre Marseille et Oran... Des pages décès, ça porte malheur ! Puisqu'on change d'agenda chaque année, elle fait une déclaration de perte en décembre et demande un autre livret de famille. Le fonctionnaire fait preuve de patience, il hausse les yeux au ciel : « Je vous l'ai déjà dit, Madame, ce n'est pas un cahier ! » Ah, mais si, c'est même le seul cahier qu'elle n'a jamais eu depuis qu'on on lui a enlevé ses cahiers de l'école pour lui donner un livret de famille ! C'est son cahier à vie.

En ce début d'année, comme d'habitude, elle va chercher son nouveau livret de famille. L'employée respecte une procédure obligatoire. Elle lit dans l'ordre toutes les inscriptions d'enfants à haute voix pour valider avec elle.

— Alors, le premier nom : Aline.
— Ah, non, ma fille c'est pas Aline, tu t'es trompée ma chérie. T'as pris le livret d'un Français ou d'un juif, c'est pas le mien.
— Non, c'est bien Aline Saïdoun
— Non, c'est Alima Saïdoun
— Non, madame, je lis bien : Aline Saïdoun
— Ben, alors... mets Alima à la place d'Aline, c'est quoi ce nom ? D'où ça vient ? C'est pas de chez nous en tous cas.
— Eh ! non, je ne peux pas ! c'est votre fille qui a changé son prénom. Je peux rien changer, moi. C'est la loi.

– Quoi ? T'appelles ça une loi ? C'est pas la loi qui dit comment on s'appelle, c'est les parents.

Furieuse, elle prend le livret de famille et arrache la page du premier enfant. Alima, la honte de la cité, celle qui a osé s'échapper. Alima n'existe plus.

Khadija n'a pas réussi le mariage d'Alima, cette mauvaise fille dont elle ne veut plus entendre parler. Heureusement Leila suit sa sœur de moins d'un an. Cosette chez les Saïdoun ! Toute petite, à l'occasion de l'un des sempiternels voyages de ma mère entre Marseille et l'Algérie, elle a bu de l'eau au bled. Non vaccinée, elle attrape la polio et grandit en boîtant de sa jambe toute déformée. Khadija ne l'envoie pas à l'école, elle est très dure.

– Tu vas faire quoi à l'école ? t'es fatiguée, ma fille. Regarde-toi, t'es toute tordue. Ils ont deux jambes eux, et pas de métier ! Ça sert à rien l'école pour toi. Reste à la maison, occupe-toi des petits.

Leila nous élève bravement. J'observe tout ce qu'elle fait pour satisfaire notre mère. Elle fait le ménage, prépare à manger, nous surveille, obéit à Khadija. C'est une seconde mère pour nous, calme et attentive. Je l'adore. Ses quinze ans approchant à son tour, un type arrive à nouveau du bled. Celui-là possède une usine de bassines. La première fois qu'il débarque à la maison, je viens de rentrer de l'école. Je suis toujours là dans ces moments de tensions dramatiques qui rythment notre vie, va savoir pourquoi ! Je le dévisage. Il a les yeux bleus et une grosse tâche rouge de naissance dans l'œil. Deux petits-enfants l'accompagnent. Méfiante, Leila se renfrogne, elle n'a pas oublié le mariage forcé d'Alima l'an dernier. Un mauvais pressentiment l'assaille.

Khadija appelle Leila. Elle se veut enjouée et complice.

– T'as vu ma fille comme il est beau ? En plus il est gentil ! Mais il a pas de chance le pauvre. Eh oui, sa femme l'a laissé avec deux enfants ! t'as vu ce qu'elle lui a fait ?

Leila reste silencieuse.

– Allez, Leila porte le café à Miloud !

Sa mère se penche vers Miloud et lui chuchote à l'oreille : « tu vas voir, elle est tordue, handicapée mais pas une goutte de café sur le plateau ! Elle boitille, mais plateau droit. »

Clopin-clopant, ma sœur arrive avec le plateau, le café, le sucre, les gâteaux. Le service est impeccable.

Khadija reprend haut et fort :

– T'as vu Leila, ce que sa femme lui a fait ? Elle l'a laissé avec deux enfants. Tiens, va faire pisser le petit !

Leila emmène le petit, et dit tout fort en français, sachant qu'il ne peut pas comprendre :

– Pauvre mère, même pas une chienne abandonnerait ses enfants ! Qu'est-ce qu'elle a pu en baver cette femme !?
– La ferme la boîteuse ! Je t'ai portée avec les deux jambes et les deux bras et encore tu ouvres ta bouche ?

Leila ne dort pas de la nuit. Le mariage forcé de sa sœur tourne en boucle dans sa tête. Elle revoit la fête immonde. Elle entend les cris et les pleurs d'Alima, les youyous de victoire. Non, pour une fois elle ne va pas obéir, elle ne veut pas vivre ce cauchemar elle aussi.

Au petit matin, alors que tout le monde dort encore, surtout Redouane qui a fait la fête la veille – une chance – elle quitte la maison ses béquilles à la main, un petit baluchon de rien du tout à son épaule. Elle abandonne ses petits qu'elle aime tant, la gorge nouée, mais de toute façon si sa mère la marie à ce type qu'elle déteste déjà, il lui fera enfant sur enfant, elle ne pourra plus s'occuper de ses frères et sœurs. Son cœur se serre. C'est décidé, elle part. Elle ne sait pas où aller, mais mieux vaut aller en enfer plutôt que d'épouser ce type.

Leila fait du stop jusqu'à Toulon. Elle erre dans les rues, perdue, s'assoit sur un banc, harassée. Elle n'a même pas de quoi se payer un café. Elle trouve un centre d'accueil chrétien pour les femmes en détresse. Elle explique son histoire, les sœurs lui donnent à manger, lui permettent de se reposer. Le lendemain, elles lui proposent de se réfugier dans un monastère où elle pourra travailler un peu pour le prix de son hébergement. Leila se sent bien dans ce lieu de prières et de tranquillité. Elle n'a plus peur.

Toute la journée, elle doit astiquer la rampe d'escalier sur cinq étages. Ses cannes la gênent. Elle tombe à plusieurs reprises, se remet à l'ouvrage. C'est décidément trop difficile avec son handicap, Leila abandonne au bout de quelques jours, mais elle ne reviendra jamais à la maison. Elle insiste pour rester chez les curés. Au moins, on ne lui fait pas de mal. Les sœurs se montrent compréhensives. Elles finissent par lui trouver un emploi dans un camping. La petite handicapée fait le ménage des toilettes. Elle récure les graffitis racistes. Elle entend aussi des insultes. Elle s'en fout, mieux vaut les grossièretés humiliantes des campeurs plutôt que le mariage forcé que sa mère lui préparait. Il suffit de ne pas vouloir les entendre, ni les voir, elles n'atteignent pas son intégrité physique ni psychique. Elle est libre, rien n'est plus important.

Dieu récompense son courage quelques années plus tard. Lors d'une hospitalisation pour une opération de sa jambe tordue, elle rencontre son mari. Michel, un Français, banquier, victime d'un accident de moto qui le laisse handicapé. Sa femme l'a abandonné le jour où il a eu son accident. Leila lui raconte son histoire, il lui raconte la sienne. De confidences en confidences, ils tombent amoureux l'un de l'autre. Tomber amoureuse, choisir son homme librement, s'abandonner à lui et non pas lui appartenir comme un objet sexuel, Leila n'imaginait pas que ce fût possible. Deux garçons vont naître de cette union heureuse. Elle les élève avec amour, ils font de bonnes études. Elle peut être fière Leila, ma sœur chérie, comme je suis fier d'elle. Cela fait vingt ans qu'elle soigne son mari d'un cancer de la gorge. Elle l'aime tellement fort, il ne meurt pas.

Khadija ne décolère pas. Même Leila lui a désobéi ? Pourquoi elles ne veulent pas se marier ses filles ? C'est pourtant la tradition, la garantie que notre culture ne va pas se perdre. Comment on va faire si on doit rentrer au pays. Jean-Marie Le Pen n'arrête pas de dire que les arabes doivent rentrer chez eux. C'est d'ailleurs pour cela que Khadija s'épuise à faire des va et vient entre Marseille et Oran et fait construire sa maison. Un jour il faudra rentrer au bled, les Français nous mettront dehors comme nous les avons mis dehors de chez nous ! Mais si ces filles délurées n'obéissent pas à leur mère, tu imagines bien qu'aucun mari ne voudra d'elles ? Khadija s'agite, affronte les commérages dans la cité. Ne pas baisser les bras, surtout ne pas baisser les bras. Le tour de Nouria va arriver bientôt. Celle-là, elle ne va rater son mariage.

Les sœurs aînées ont essuyé les plâtres. Nouria est une très jolie fille. Elle attire l'attention dans le quartier d'un jeune Corse du Maroc. Elle tombe amoureuse. Cela n'échappe pas à Redouane qui la dénonce à la maison. Scandale ! Un pied-noir ! Pas questions, nos filles épousent des Arabes uniquement. Nouria va à l'école, s'émancipe depuis un moment. Elle ne comprend rien à leur histoire d'héritage culturel. On vit en France, pas en Algérie. Patrick et elle se fréquentent en cachette, jusqu'au jour où ne supportant plus la pression, elle s'enfuit avec lui. Ils vivent ensemble en ville au grand damne de Khadija qui se désespère. Elle envoie Redouane la chercher. Nouria ne cède pas. Patrick le menace, les Corses vont lui régler son compte s'il continue à harceler sa sœur. Khadija court partout. Il faut faire revenir Nouria à la maison. Humiliation dans la cité. Qu'a-t-elle fait sous les pieds du Bon Dieu pour mériter des filles pareilles ? se lamente-t-elle. Elles fuguent toutes, les unes après les autres. Elle aura tout vécu Khadija, le premier mariage, le premier viol, la première fugue, et, maintenant, la première fugue avec un chrétien. C'est une pionnière de la vie acculturée par la force des choses. La vie lui joue de mauvais tours, elle qui ne pense qu'à protéger la tradition. Et voilà que Nouria est enceinte, pas même mariée. Toute la cité jase. Khadija rumine sa déception, sa fierté en berne.

Neuf mois passent. Je rentre de l'école. J'aperçois ma mère à son balcon, comme d'habitude. Elle astique sa pile de linges. Une amie de Nouria lui crie d'en bas que sa fille vient d'accoucher. Une petite du nom d'Ismaïlia en hommage à Claude François né dans la ville éponyme. Khadija lâche sa bassine.

– Vite, vite, Bouchta, monte, garde la maison.

Elle crie en direction du balcon du troisième étage :

– Monsieur Garrigue, ma fille a accouché, vite, vite emmène-moi à l'hôpital.

Elle se précipite à la clinique dans le J7 de monsieur Garrigue, le pêcheur à la dynamite.
Au diable les cancans, la petite est née, ma mère est folle de joie.

– Elle est belle ta petite, ma fille. Je suis tellement heureuse !
– Tu m'en veux plus ?
– On s'en fout de ce que pensent les voisins ! Toutes les maisons ont leur bouteille d'huile. Eux aussi ils vont avoir les tâches, ne t'en fais pas !

Khadija ne résiste pas à un bébé. Aucun de ses principes traditionnels ne tient face à une petite bouille d'ange. Elle a été souvent nourrice dans le quartier. Elle héberge les bébés des filles en difficulté dans la cité, et s'en occupe comme si elle était leur mère. On est toujours une tribu à la maison, les enfants des voisins s'ajoutant à notre fratrie. L'appartement est un F7, certes, mais il faut pouvoir garder son lit. Je n'ai pas d'autre chambre qu'un placard, qu'on appelle la chambre noire. Il renferme le coffre abandonné du trousseau du mariage de ma sœur. J'y range mon linge, mes affaires et je ferme à clé. Ma chambre se réduit à ce petit coin, même si je n'y dors pas, il n'y a pas la place d'un lit. Posséder un endroit à soi, si petit soit-il, c'est déjà ça ! Régulièrement mes frères en cassent la serrure.

Jusqu'à mon mariage, je n'ai pas eu de lit à moi. Je squatte les lits des autres quand ils sont libres, soit que l'une de mes sœurs ait fugué, ou qu'un frère soit en prison. J'ai fugué moi-même, dormant comme je pouvais là où ma sœur m'hébergeait pour quelques nuits. J'en ai connu des fauteuils pour une nuit, des lits à partager, des lits éphémères qui ont l'odeur des autres, et ne conservent jamais la mienne. Comment savoir qui l'on est quand notre odeur est brouillée par celle des autres et qu'on ne peut pas la retrouver le soir au fond de ses draps ? Aujourd'hui encore, un lit c'est compliqué pour moi. Je préfère dormir sur un canapé, définitivement nomade.

Khadija ne se doute pas de mes tourments. Douze enfants acculturés, en décrochage scolaire, son obsession du mariage mise à mal, la construction de sa maison en Algérie très compliquée quand elle n'est pas sur place, ses divers trafics de vêtements récupérés, nettoyés, redistribués au bled, tout cela donne à son destin de femme le sceau fatal des galères sempiternelles. Mais elle reste debout, envers et contre tout. Ne jamais baisser les bras. Surtout ne jamais baisser les bras. Tenir le coup.

Ce matin-là, on tape à la porte. C'est la voisine. Ma mère est contente, il y a toujours une voisine qui passe à la maison. On ne ferme pas les portes dans la cité. Les femmes apprécient les visites impromptues qui leur permettent de pleurer, rire, et raconter toutes leurs histoires à tout moment de la journée. Et surtout les maris ne sont plus là.

– Khadija, Khadija, fais vite…
– Bois un café !
– Non, non, non, fais vite. Dis à ton fils de se lever.
– Pourquoi ?
– Mon fils… le bras cassé, le feignant, tu sais ? Ah ben, il est parti pistouler à Attack, et ils lui ont donné ! Il travaille, je suis contente ! Lève le vite le tien, vite, vite, vite avant qu'ils vont donner aux autres.

Ma mère se précipite dans la chambre de mon frère. Il s'est défoncé la veille en écoutant Bob Marley des heures durant. Du shit traîne sur le sol de la pièce en désordre.

– Debout, debout ! lève-toi Momo ! Allez, lève-toi !
– Qu'est-ce qu'il y a ?
– Fais vite, lève-toi ! Rachid, le fils d'Aïcha, la grosse, il est parti *pistouler* à Attack, ils lui ont donné ! Sa mère elle est trop contente ! vite.

Il se lève, va chercher un pistolet bien caché chez le Français Raphaël, à l'étage du dessus et se rend de ce pas chez Attack. Titubant plus ou moins, il braque la caissière. Voyant qu'il est défoncé, le vigile appelle la police.

Le téléphone sonne à la maison. C'est le commissaire. Khadija finit par le connaître.

– Bonjour Khadija, viens au commissariat, ton fils est ici, il dit que c'est toi qui lui as dit d'aller attaquer la caissière chez Attack. Qu'est-ce qu'il se passe, c'est toi, Khadija ? Tu as changé ? tu vas pas envoyer tes petits voler maintenant ?
– Non, j'te jure…
– VIENS !

Elle arrive au commissariat.

– Alors qu'est-ce que tu as dit à ton fils ? C'est toi qui lui as dit d'aller attaquer la caissière ?

Mon frère répète, furieux, toujours à moitié défoncé :

– Oui c'est elle, oui, c'est elle !
Elle se met à hurler dans le bureau du commissaire :

– Devant eux, tu dis que c'est moi ?

Le commissaire préfère reprendre la main.

– Qu'est-ce que tu as dit Khadija ? Dis la vérité…
– J'ai dit à mon fils, la voisine est venue, je lui ai dit, va vite *pistouler* à Attack, ils vont te donner.
– Comment ça ? Le pistonner ?
– Non, nous le piston on n'a pas. Si j'aurais du piston à Attack, j'aurais rentré toutes mes filles caissières. Non, elle a dit pas pistonner, elle a dit *pistouler*, tu sais… quand tu écris le nom, la photo et tout, et tout, et ils te font rentrer.
– Ah ! Postuler !
– Bah ! *pistouler* c'est pareil, non ?
– Arrête de parler français, Khadija, tu vas tous les faire rentrer en prison tes enfants.

Promiscuité fatale

La promiscuité est sans doute la plus grande des misères. Dans notre fratrie, Samir vit dans un monde qui n'appartient qu'à lui. Très jeune, il a eu un accident de voiture. On lui a enlevé la rate. Il est bizarre, marche nu dans la maison, voit des choses qui n'existent pas, mais il n'est pas méchant. Il joue beaucoup avec moi. J'ai six ans, je partage son lit. Il est adolescent, mal dans son corps, mal dans sa tête.

Toujours en quête d'amour, je réponds innocemment aux jeux qu'il me propose. Il joue tout le temps. Même la nuit. Il dit qu'on joue, qu'on ne fait rien de mal. D'abord ce sont des attouchements, troublants, affectueux. Puis, une nuit, comme un jeu qui se prolonge plus que d'habitude, l'innommable se produit. Tu ne sais pas si c'est normal ou pas. Tu as tellement besoin d'affection. Tu finis par comprendre, la honte te déborde. Tu ne veux plus. Mais il ne veut pas renoncer à son jouet sexuel. Et tu n'as pas d'autre lit où dormir. Tu ne dis rien à personne. À qui parler ? Ma mère est toujours en galère, mes sœurs fuguent, mes frères deviennent toxicomanes, je ne vais pas en rajouter. J'endure mon calvaire en silence.

Je reste avec mes questions sans réponses. Lui, c'est un garçon, donc je suis une fille ? Ou alors un garçon raté ? Il va bien falloir que je devienne un homme moi aussi.

J'aimerais tellement capter l'affection de ma mère comme Farid, mon frère aîné, sait si bien le faire. En grandissant, j'écoute attentivement tout ce qu'elle veut de ses filles, qu'elle n'obtient jamais. Si je peux répondre à ses attentes, alors elle m'aimera plus que Farid. Je modélise plus ou moins la fille idéale que son imaginaire ne cesse de convoquer. Elle n'aime pas qu'on lui résiste ? Je suis soumis pour mieux lui plaire. Elle aime l'ordre et la propreté ? Je fais le ménage, je prépare ses repas. Je suis fragile et doux. Comme une fille. Très perturbé aussi. L'enfant que je suis, perdu dans un environnement tellement bousculé, ne parvient pas à construire solidement son identité de genre.

À onze ans, je fais une hémorragie un matin alors que j'aide ma sœur à retaper le lit de nos parents. J'ai très mal au ventre. Comme je traîne beaucoup avec les filles à ce moment-là, et que je les entends parler de leurs règles, je me demande si je vais avoir mes règles moi aussi. Au moins mon identité serait claire. La nature apporte quelquefois des réponses évidentes que les adultes ne sont pas capables de te donner. Tout à coup, je perds deux litres de sang et m'évanouis. Ma mère appelée en urgence me gifle très fort pour me réanimer. En vain. Je suis bien. Je me sens partir doucement. On m'emmène d'urgence à l'hôpital. Je voudrais qu'on ne me réveille plus, je voudrais tant quitter cette tribu de misère. Dans ma tête tout est embrouillé, je ne sais pas si j'ai eu un problème médical, si je suis puni d'avoir été soumis à la folie de ce frère malade. Je suis très confus. Janvier 1982, on m'opère en urgence, dans un état critique. Suprême malheur sournois, la transfusion sanguine me sauve en même temps qu'elle me transmet le sida. La précarité de la vie s'ajoute à celle de la misère sans même que je le sache à ce moment-là.

J'ai au moins un lit, tout blanc, un lit où je peux dormir en paix. Tout le monde tourne autour de moi. Je deviens le centre de l'attention. Je sais que je n'ai pas peur de mourir. À onze ans, j'ai déjà cinquante ans. Le docteur me questionne, il insiste beaucoup. Il t'est arrivé quoi ? Tu as fait quoi hier ? Silence, je suis glacé, je ne réponds pas. Peur de parler. Plutôt la mort. Au bout de quelques semaines, je suis rétabli. Ma mère m'emmène faire un séjour chez l'une de ses sœurs. Juste le temps de prendre mon traitement et de grossir un peu. Après, elle me reprendra à la maison.

Elle a d'autres chats à fouetter, Khadija. Samir devient de plus en plus fou. Elle l'emmène chez le marabout. Ses hallucinations se poursuivent. Elle se décide à le faire entrer en psychiatrie. Le diagnostic est sans appel : épisode schizophrénique. Il finit par guérir. Les manifestations de la folie disparaissent comme elles sont venues. Beaucoup plus tard, il remplacera mon père à la clinique où il travaillait, tombera amoureux d'une infirmière, se mariera, aura des enfants. Tout va bien pour lui.

Oxygène

Khadija restera la première femme de ma vie, celle qui m'a donné la vie, et bien plus encore, la rage de la survie. Celle que j'aurais tant voulu séduire pour ne l'avoir qu'à moi, à moi seul. Mais il y a onze trublions entre elle et moi, une véritable équipe de foot, remplaçants compris. Je suis le plus faible, celui qui reste sur le banc de touche. Sa vie de galères me fait de la peine.

Je n'ai jamais appelé mes parents papa, maman. Aucun de mes frères et sœurs non plus d'ailleurs. Ma mère hébergeait l'une de ses sœurs. Nous l'entendions les appeler par leur prénom, nous en faisions autant. Eux ne nous ont jamais demandé de les appeler papa et maman.

Comment imaginer que ma mère vivrait longtemps. Deux cancers du sein coup sur coup, le ventre marqué de cicatrices épaisses, comme des fermetures éclair partout pour que son énergie vitale ne s'échappe pas. Elle va à l'hôpital, rentre en catastrophe, sort plus décidée que jamais à se battre. Elle nous envoie en colonies de vacances payées par la CAF, afin de pouvoir faire face à sa maladie. Nous partons quatre ou six mois, ne sachant pas si on la reverra à notre retour.

Je suis content d'aller dans cette colonie de vacances de Mandelieu dans les Alpes de Haute-Provence pour quelques mois. Tous les enfants des familles misérables du bidonville, puis de la cité, se retrouvent là. Nous quittons l'école fin mai, bien avant la sortie des classes officielle. Chaque monitrice s'occupe de dix à vingt petits. Nous y sommes bien. Il y a le rattrapage scolaire en petits groupes, des jouets, des jeux, un réfectoire, la douche, une grande chambre, chacun son lit. Chaque fois qu'une monitrice se marie, ou baptise un bébé, tous les enfants de la colonie sont invités à l'église. Chemise blanche, petits nœuds, nous sommes des petits princes. Le partage respectueux guide ces échanges entre communautés religieuses, que ce soit l'islam au moment de l'aïd, ou les sacrements chrétiens. Pas de problèmes communautaires à cette époque. Qui aura le courage d'interdire ces imans improvisés dans les quartiers, formés à l'étranger par des intégristes fous, afin que les gens simples retrouvent leur propension naturelle à vivre en bonne entente ? Quelle soit musulmane, chrétienne ou juive, la simplicité ne connaît que le bon sens qui aide à vivre ensemble. Lorsque Khadija vient nous voir une fois par mois, et qu'elle nous trouve dans ces petits costumes, elle s'exclame : « ils sont beaux ! ils sont beaux ! c'est magnifique ! ». Au moment de quitter la colonie, je suis triste, je ne voudrais pas partir. Mais ta mère est là, tu la suis, et tu retournes à la misère après avoir pris une bonne bouffée d'oxygène. Tu sais qu'il ne faut pas baisser les bras, autre chose est possible dans la vie.

À l'époque du bidonville, mes frères et sœurs plus âgés ont connu les parrainages organisés par la Cimade. Des familles aisées en Europe, particulièrement en Suisse et en Belgique, parrainaient les enfants du bidonville et les emmenaient en vacances. Des médecins, des avocats, des juges, des professeurs, des directeurs d'école s'occupaient ainsi d'enfants pauvres, subvenant à leurs besoins élémentaires. Malheureusement, depuis l'après-guerre, une légende tenace circule parmi nous. Attention, ils vont nous les voler. Les pères qui rentraient du chantier le soir montaient la tête de leurs femmes. À un moment, ils mettaient un coup d'arrêt brutal au parrainage, sauf quelques rares familles qui avaient compris que c'était une chance immense pour leurs enfants. Pour le reste, c'était un gâchis.

Chez nous, Momo était parrainé par une femme juge en Suisse. Elle l'aimait beaucoup. Un jour, elle est venue demander à nos parents d'adopter le petit pour lui faire faire des études, lui donner une chance de réussir sa vie. Ma mère a refusé malgré les conseils des sœurs qui l'exhortaient à faire confiance. Non, non, elle va me le prendre ! Elle a regretté ce refus toute sa vie tant il lui en a fait voir. Il ne lui a rien épargné, les cambriolages dans les supermarchés, la drogue, la prison. Un jour, il a fait ses calculs et considéré que Khadija avait construit sa maison en Algérie grâce à ses allocations familiales depuis tout petit.

– Tu m'as arnaqué, t'as construit ta maison au bled avec mes allocs, tu me rembourses tout ou je porte plainte contre toi.

Pauvre Khadija, la voilà dénoncée au Procureur de la République suite à une plainte de son fils. Mais la justice le rattrape pour trafic de drogue. Sa plainte tombe à l'eau.

Les vacances mobilisent toute la famille. Dans la Peugeot 404 familiale, Khadija entasse tout ce qu'elle peut emporter au bled. Elle a passé le permis de conduire. Marie-Jeanne, une voisine française est venue lui apprendre le code à domicile, mais elle a échoué. Quand les frontières sont ouvertes, elle passe en voiture par le Maroc, sinon elle prend le bateau en Espagne. Alors, évidemment, elle ne peut pas emmener tout le monde en vacances. Les tantes sont là pour garder la moitié des enfants. Reste le petit à caser. Khadija a de la suite dans les idées. Elle entretient depuis longtemps de bonnes relations avec les sœurs infirmières de l'hôpital Saint-Joseph. Elle leur demande de me garder à l'hôpital pendant les deux mois où elle sera en Algérie. Les sœurs sont compréhensives, elles apprécient cette mère de famille si nombreuse, tellement battante. Personne ne m'a rien demandé. Je ne suis pas malade. J'ai l'impression d'être puni. Mais de quoi ?

Me voilà dans un lit blanc en fer forgé. Il fait chaud. Je suis à l'ombre. On me sert des repas réguliers, et même un goûter. J'adore ce yaourt avec un biscuit que j'écrase dedans. Je n'entends plus de cris, ni d'insultes. Personne ne me traite de pédé. Je regarde la télévision des heures entières. Je joue avec mes voisines de la chambre d'à côté. Elles me prêtent leurs poupées Barbie. Le plaisir fou de toucher leurs longs cheveux me rend heureux. Je n'ai jamais pu caresser les cheveux de ma mère, qu'elle a si beaux pourtant. Je fais des chignons à mes poupées en vacances, les défais, les refais. La sensualité d'une chevelure est une bouffée d'oxygène dans ma vie d'enfant terriblement inquiet. J'aurais dû être coiffeur ! Comme Alima. Mais elle n'est plus là pour m'y encourager.

J'observe les sœurs réunies au pied de mon lit. Elles discutent de la fièvre que je n'ai pas mais qu'il va bien falloir me trouver quand le médecin chef va passer. Elles trafiquent le tableau attaché aux barreaux de mon lit. Je suis rassuré le médecin chef n'y verra que du feu. Que serais-je devenu s'il avait découvert la supercherie ?

Mes vacances s'éternisent à la lumière d'un néon blafard au-dessus de mon lit, à défaut du soleil d'Algérie. Je ne sais pas quand Khadija reviendra me chercher. Elle a dit qu'elle serait de retour bientôt. Mais quand ? Elle a tellement de galères. Patience, elle n'oubliera pas son petit quand même.

J'entends ses talons hauts claquer sur le carrelage. Tac, tac, tac. C'est elle. Jupe plissée, chemisier blanc en nylon impeccable, longs cheveux noirs rassemblés sur le côté, un faux grain de beauté au crayon noir, démarche souple et assurée, ma mère arrive dans ma chambre, petit sac sous le bras comme si elle n'était jamais partie. Les sœurs l'entourent aussitôt. Elle raconte son voyage, tout sourire, leur offre des dattes, des épices, et me ramène à la maison. Combien de temps mon séjour de vacances bon marché a-t-il duré ? C'était bien long.

Beaucoup plus tard, je fais des cauchemars la nuit. Je suis dans un grand lit bleu où l'on peut rester longtemps. Je crie « les sœurs, les sœurs… ». J'en vois tout une armée, partout autour de moi. Elles entrent par les portes, les fenêtres. Mon Dieu, elles vont m'emmener ! Mais où encore ? Je crie très fort : « Khadija, ne me laisse pas ! »

À onze ans, après mon opération, Khadija m'autorise à l'accompagner en Algérie pour les vacances. Je découvre la maison de ma grand-mère maternelle à Bel Abbes. Une petite ferme aux murs de terre sèche, très fraîche, de la terre battue à l'intérieur et sur la terrasse, des tuiles françaises, des cannisses, une seule ampoule, un tout petit frigo que mon père apporte tous les cinq ans de France, une petite gazinière avec une bouteille de gaz, et une pile de matelas que l'on pose à même le sol le soir pour dormir. Simple, frais et propre, je suis en admiration. Les journées de ma grand-mère sont rythmées par ses prières et le thé à la menthe, ou l'absinthe obtenue à partir de la plante de la vierge. Elle est heureuse ainsi. Lorsque la vie repose sur des principes naturels, pas de surconsommation, pas de vains désirs de possession, les galères ne surviennent pas. Cette découverte m'enchante. On mange de façon frugale, des dattes, du pain. Elle est d'une grande gentillesse avec nous. Je la vois en train de balayer toute la journée, courbée sur son balai. Un matin, j'ose lui poser la question :

– Pourquoi t'es toujours courbée ?
– Oh ! Tu sais, les Espagnols m'ont fait beaucoup souffrir, je travaillais dans la vigne… si ta tête dépassait, ils te donnaient des coups de bâton.

Alors, toi aussi, tu as connu tes galères, la misère ? Tes enfants ne sont donc pas partis sans raison. Le mythe pastoral s'effondre tout à coup dans mon imagination.

Lorsque j'arrive en Algérie, je m'attends à trouver le désert, j'en rêve depuis toujours. À ma descente du bateau, la déception domine. Oran ressemble à Marseille. Je cherchais le sable, j'ai trouvé Marseille mais à l'abandon. Le désert de dunes immenses, peuplé de rares palmeraies, le ciel scintillant de mille étoiles la nuit, c'est beaucoup plus loin. Comme la maison de notre mère est en construction, nous sommes hébergés chez l'une de ses amies, mariée à un militaire français. Plus tard, Khadija loue pour rien en bord de mer une belle baraque coloniale. Un petit paradis, un Deauville rien qu'à nous. Elle paie avec l'argent de la CAF, dit-elle, on mérite bien un peu de bon temps comme tout le monde. On a une femme de ménage, des sacs de patates, d'oignons, toutes sortes de légumes. On est libres, les méchantes langues de la cité ne sont pas là pour commenter nos sorties en discothèque. Khadija espère que mes sœurs vont tomber amoureuses de l'Algérie et s'y marier. Mais la drogue est arrivée dans la cité, et c'est la fin du voyage. Mes sœurs passent dans un autre univers. La galère continue, ma mère court après ses filles sans arrêt. Elles lui échappent. Tout part en vrille. En même temps, les années de plomb en Algérie vont mettre un terme à cette bouffée d'oxygène.

Je m'interroge sans cesse sur ces diverses respirations qui viennent soulager nos vies asphyxiées de misère. Elles éclatent comme des bulles de savon mais elles nous donnent le sens du merveilleux, l'envie de s'en sortir. Ce sont les respirations légères de Dieu qui nous soutient de son souffle puissant. Fais confiance à Dieu, à Allah, à Jéhovah, appelle-le comme tu veux. Garde la foi dans le vivant et tiens le coup. Alors ton air deviendra pur un jour. Voilà bien ce que je me répète chaque jour encore, lorsque je bois tranquillement mon café aux heures chaudes de la journée, dans ma cour ombragée du quartier Saint-Gabriel où je demeure toujours.

Madame Devachter est sans doute la plus belle bulle d'oxygène de ma jeunesse, une bulle légère, diaphane, et libre. Une de ces bulles qui vous ouvre l'horizon et font de vous un être résilient, même si un jour elle a éclaté sans faire de bruit.

Cette belle dame élégante débarque dans notre vie, de façon tout à fait improbable, le jour de l'enterrement de son frère, le gardien de la cité. On dirait la femme de Jean Gabin dans l'un de ses films. Chic et sobre, elle porte un manteau de mouton retourné l'hiver. Elle possède un restaurant d'artistes rue Saint-Lazare à Paris. Nous n'avons jamais entendu parler d'elle auparavant. Son frère était assez discret quant à sa propre vie privée, préférant être à l'écoute de nos misères. Elle souhaite redécouvrir ce frère défunt qui s'est éloigné de leur famille, nous dit-elle. Elle va s'installer dans son appartement quelques mois afin de mener son enquête très personnelle. Elle voudrait tout savoir de lui, quel homme il était, ce qu'il faisait de ses journées, en quoi consistait son travail de gardien. Khadija est fascinée par cette femme brillante. Elle parle pendant des heures, accoudée à son camion. Il était très apprécié. Il s'occupait de la cabine téléphonique de la cité. Il s'était occupé de la Française du quatrième étage, bâtiment E, quand elle est décédée. Il avait installé le dais du deuil sur sa porte et nous avait tous invité à venir lui dire adieu. Il fallait passer sous le dais, et pénétrer dans l'appartement silencieux comme dans une église. Dans un coin de l'entrée, il avait dressé une petite table recouverte d'un velours, et posé un cahier où chacun écrivait quelque chose en souvenir de la défunte. Les femmes arabes ne savaient pas lire, les Françaises écrivaient pour elles. « Je l'aimais bien, elle était gentille ». Tout le monde signait. Personne ne bousculait la table ou déchirait le cahier. On faisait silence et on signait. Le concierge était notre lien. Khadija est intarissable, la belle dame en oublie sa baguette et le journal.

Ma mère m'envoie lui porter sa baguette de pain. Je cours très vite, tellement heureux de revoir la dame. Son mari ouvre la porte. C'est un ancien de la guerre d'Indochine. Dans mon imagination d'enfant, je le vois comme De Gaulle. Il collectionne des armes et des masques africains. Petit à petit, elle me prend en grande affection et s'occupe de moi comme j'en ai toujours rêvé.

Elle m'installe dans un fauteuil, me donne de grandes feuilles de papier et des crayons pour dessiner, me sert un goûter. Je reste tranquille chez elle. Le dimanche, elle m'installe devant la télévision comme sur un trône, pour regarder *l'école des fans*. Son dog allemand noir, au poil brillant, s'allonge à mes pieds. J'adore ce moment surréaliste pour moi. Elle prend plaisir à me gâter, remplit son frigo de Dany au chocolat, un vrai régal ! J'ai une dizaine d'années.

Elle reste un long moment parmi nous, la cité représente un plateau de cinéma où elle imagine son frère évoluer : elle a vu l'imam Landolfi encadrer nos jeux, assisté au karaoké des filles, fréquenté le camion de ma mère. Toute notre vie défile sous ses yeux bienveillants. Au moment de son départ, elle propose à mes parents de m'emmener avec elle à Paris, elle aimerait me donner une éducation. Ma mère promet de m'envoyer chez elle. Bientôt, oui, oui. Bientôt. Mais elle n'a jamais tenu sa promesse. Elle m'a beaucoup manqué Madame Devachter. Depuis Paris, elle nous envoie des lettres que mes sœurs nous lisent. À Noël, elle nous offre un colis de chocolats. Elle poste de temps en temps de très grandes cartes postales de chiens, avec la mention manuscrite « je pense bien à vous » au dos. Je regarde longtemps sa jolie écriture fine et penchée. Mais nous ne répondons pas, personne n'imagine répondre, donner des nouvelles.

Un jour, à Noël elle vient nous voir par surprise. Les filles ont des boîtes à bijoux musicales en forme de piano, avec des coquillages. Ma mère reçoit un magnifique foulard, un parfum et un vase en porcelaine, mon père une chemise, et moi un bel avion Air France. Très grand, tout neuf, il marche bien ! Moi qui n'ai jamais eu que des jouets d'occasion sous le sapin, je n'en crois pas mes yeux. Aux garçons plus grands, elle donne une enveloppe avec un peu d'argent.

Puis ses lettres, sans réponses, s'espacent jusqu'à ne plus venir. Elle m'a apporté énormément d'affection, j'ai longtemps pensé à elle. Enfin une femme qui ne s'occupait que de moi. Je ne voulais plus la quitter. Ma mère laissait faire, elle avait la paix, elle savait où j'étais, j'avais mangé, tout allait bien. Mais pas question de me laisser partir.

Beaucoup plus tard, je fugue avec l'une de mes sœurs, à peine âgée de seize ans. Nous décidons de quitter cette famille trop compliquée et la retrouver, elle. Retrouver son sourire, ses gestes doux, entendre sa voix rassurante. Je ramasse toutes mes affaires, même mes affaires de ski tant il est clair dans mon esprit que je ne reviendrai pas. En ce mois de mai frileux, nous marchons à pied de La Rose jusqu'à la gare. Arrivés à Paris, je recherche son restaurant. En vain. Je suis triste. Je suis parti sans même regarder l'adresse derrière ses enveloppes. Après avoir traîné, dormi quelques nuits dans les consignes, nous finissons par rentrer à la maison. Qu'elles soient de savon, d'oxygène, immobilières ou financières, les bulles sont destinées à éclater tôt ou tard. Nos rêves s'évanouissent au petit matin. Retour à la case départ.

Funeste corrida

En Algérie, ce sont les pères qui choisissent le mari de leurs filles et leur imposent un mariage, qui est finalement leur seule raison d'être. Ainsi le veut la tradition. Mon grand-père a obligé Khadija à épouser Ali alors que mon père était plutôt attiré par sa sœur aînée. Mais une fois les familles installées en France, les mères prennent cette fonction à cœur. Leurs maris leur font une guerre incessante afin de sauvegarder la virginité des filles. La meilleure façon d'avoir la paix n'est-ce de les marier au plus tôt ? Les déracinés se rassurent quelque part en renforçant l'emprise sur les femmes. Ne pas écorner la culture maghrébine ancestrale, se marier entre nous, tout faire pour que nos filles n'aient pas la tentation d'aller voir ailleurs, les immigrés de première génération en font une fixation. Pourtant leurs femmes elles-mêmes ont subi un mariage forcé. Au nom de la tradition, elles ferment les yeux sur la violence qui devient la norme banalisée. Cela n'arrive qu'aux femmes, les mères arrangent habilement les mariages des garçons sans jamais les forcer.

Je ne suis pas une femme, et pourtant mon tour est arrivé un jour.

Ma mère est une marieuse, elle se réalise en tant que telle. Un véritable syndrome ! Combien de mariages n'a-t-elle pas réussis dans la cité, et même dans le tout Marseille, ce qui lui donne une autorité certaine sur la communauté des femmes. Elle semble néanmoins frappée d'une malédiction quand il s'agit de ses propres filles. L'échec est quasi total. Elle en souffre amèrement. Sa frustration la mine au point que lorsque la dernière de ses filles préfère ne pas la contrarier, se marier selon la coutume avec un arabe, qu'elle a malgré tout choisi elle-même, vierge le jour de la cérémonie qui a donné lieu à une énorme fête, la championne du mariage ne ressent pas ce sentiment d'accomplissement qu'elle recherche depuis tant d'années. Elle est fatiguée de toutes ces fugues, ces rébellions féminines humiliantes pour elle. Elle affiche un grand sourire, mais le cœur n'y est pas. Dans le fond, elle ne s'est pas remise de la déception du mariage raté d'Alima.

Je n'ai pas dix-huit ans, je suis beau gosse, ma forte propension efféminée n'échappe à personne. Les filles ne sont plus à la maison, la dernière venant de se marier. Les autres garçons sont devenus des petits délinquants de cité. Ils vivent leur vie. On ne sait pas assez combien les mères ruinent leur santé à tenter de les ramener dans le droit chemin. Je suis le onzième de la fratrie, le petit fragile depuis toujours. Elle voit bien mes tendances, une mère n'ignore rien de ce que sont ses enfants. Entre les dettes à payer, les convocations au commissariat, les castagnes à la maison, ses problèmes de santé récurrents, ses constructions répétitives en Algérie qui l'obligent à faire de sempiternels voyages éreintants entre Marseille et Oran, les vols de matériel de construction sur place, sa gardienne Aïcha qui n'en peut plus non plus là-bas, Khadija est usée. Il n'y a qu'Amaria, la fille d'Aïcha, qui lui met du baume au cœur. Cette jeune Algérienne est sa meilleure vendeuse au pays. À chacun de ses déplacements, Khadija ramène ces énormes sacs rayés bleu, blanc, rouge, les sacs Mitterrand, farcis des vêtements collectés partout, reconditionnés après lavage, et prêts à la vente. Amaria s'en occupe avec beaucoup d'honnêteté. Elle tient ses carnets à jour, note la moindre dépense, la moindre recette. C'est une bonne fille. Khadija projette sur elle son désir de fille maghrébine idéale. Il ne faudrait pas qu'elle la perde. Elle n'a pas fait de grosse fête depuis un moment, elle est en manque. Elle ne veut pas perdre non plus Aïcha, ni Amaria, ni son fils qui n'est pas vraiment un homme, mais qui devra le devenir coûte que coûte. Après toutes ces galères avec ses enfants, elle ne va pas avoir en plus un homosexuel dans la famille. Elle en a essuyé des critiques dans la cité, on parle même d'expulser sa famille ailleurs depuis un moment, mais un fils gay, c'est trop. La honte est suprême, le tabou absolu.

Grande stratège, elle se fait un film dont le scénario dépasse mon imagination. Je ne peux avoir aucun soupçon, ma mère ne me piègerait pas. Nous sommes tellement complices. Depuis *La Petite Maison dans la prairie*, je joue parfaitement mon rôle dans Bouchta réconforte sa mère en galères. Je fais tout ce qui est en mon pouvoir pour elle. Je la gâte, lui lave le dos, lui prépare ses repas, fais le ménage, lave le linge, le balcon. Quand tu es frustré de l'amour d'une mère, tu es toujours derrière elle à guetter le moindre de ses désirs pour le satisfaire, même s'il faut aller voler des sous-vêtements pour la voir sourire. Chaque soir, alors qu'elle a couru partout dans la ville pour résoudre ses misères, tout est fait.

– Merci, mon fils. Je suis morte de fatigue, énervée, je mange pas ce soir.

Elle ouvre le frigo, attrape la bouteille de lait fermenté qu'elle boit d'un seul trait jusqu'à la dernière goutte, avale un quignon de pain et va se coucher. Demain, elle recommencera sa fuite en avant. Dans le bus, les yeux dans le vague, elle fera le énième bilan de sa vie et se dira qu'il ne faut pas baisser les bras, qu'il faut tenir debout. Après tout, Bouchta est là, elle l'utilise comme elle veut, mais elle veut le sauver. Pas de pédé dans la famille. Alors de station de bus en station, de salle d'attente en salle d'attente chez le médecin, chez le fisc, les services sociaux ou le commissariat, elle se fait son film. Pour elle, c'est un beau film.

Pour moi un film d'horreur en préparation. Elle ne me demande rien une fois de plus, je ne m'appartiens pas.

Par une belle journée de juin, les vacances approchant, je rentre de l'école avec deux copines. Seize heures trente, heure fatidique dans ma vie. Heure à laquelle je vois ma mère à son balcon au milieu de sa pile de linge. Que va-t-il se passer encore ? Mais ce jour-là, la surprise est plutôt agréable, Aïcha, notre gardienne au bled, est à côté d'elle. Je les observe de loin. Elles ne me voient pas. Je laisse mes copines et m'approche doucement. Ma mère lui raconte sa vie, en pleurant, en chantant le raï par moments. Elle pleure, elle chante avec le son d'une vieille machine Calor, wawawa... et elle fait défiler son histoire.

– Mes filles fuguent, c'est des garçons. Mes garçons c'est des filles ou alors des brigands, je sais plus où j'en suis.

Aïcha pleure avec elle, l'écoute avec une empathie réconfortante. Khadija poursuit :

– Écoute, Aïcha, tu es veuve, j'adore ta fille, elle est parfaite. Tout ce qu'elle veut, je le fais pour elle. Ah, oui, elle est parfaite celle-là, tu as de la chance. Tout ce que je lui ramène de Marseille, elle le revend tranquillement. Elle marque tout sur des carnets, elle met les sous dans un coussin, elle range tout bien, elle me vole pas. Je veux pas la perdre ma vendeuse. Je veux la garder, comme mon fils Bouchta que j'adore aussi.

Elle a repris ses esprits, ne pleure plus. Alors elle me voit en bas de l'immeuble. Elle me lance, avec un grand sourire radieux :

– Ça va ?
– Ça va !
– Aïcha, elle est venue ! Elle me donne sa fille !

Elle me parle en arabe, mais je ne parle pas l'arabe. J'ai fini par l'apprendre pour savoir à quelle sauce j'allais être mangé dans cet univers de rusés. À peine arrivé dans l'appartement, Khadija court vers moi, excitée comme une gamine :

– Elle me donne sa fille, Bouchta !!!!
– Et alors ?
– Mais pour toi !
– Pour moi ?

Tout d'un coup, je comprends. Je me retrouve à la place de mes sœurs. Je n'aurais jamais cru qu'elle allait me faire cela. D'accord, mes frères me battent à cause de ma féminité, je m'identifie à mes sœurs, je quémande l'amour de ma mère, mais je ne suis pas fini. Suis-je vraiment gay ? Rien n'est clair pour moi. Tout est tellement confus depuis tant d'années et personne pour me donner des repères. Ma mère, elle, elle sait. Elle ferme les yeux sur mes tendances, mais elle sait bien. Je comprends, les filles l'ont déçue, les garçons font du trafic de drogue, c'est épuisant. Elle veut faire de moi un homme avant qu'il ne soit trop tard, alors elle me marie. Au passage, elle aura une belle-fille qui travaillera gratuitement pour elle. La révolte monte en moi.

Je crie très fort :

– Ça va pas, non ? je me marie pas, je vais à l'école, moi !

Aïcha tente d'apaiser la tension qui monte.

– Il est jeune, Khadija, il est jeune… laisse-le. Ma fille c'est comme sa sœur.

Ma mère lui répond en arabe :

– Je sais ce que je fais. On n'est pas pressées, mais ta fille, je la garde. Le jour de ma mort, je veux que ta fille me lave. Voilà ! Elle, et personne d'autre.

Bonne tactique. Aïcha est heureuse d'entendre parler de sa fille ainsi. Avoir une fille parfaite est le meilleur signe de réussite pour une femme.

Je redescends les escaliers plus vite que je ne les ai montés. Je suis furieux. Pas question de me marier ! Avec Amaria, en plus. C'est comme si elle me demandait de me marier avec une de mes sœurs. Khadija ne va pas bien décidément ! Dans les jours qui suivent, je suis braqué, contrarié, ulcéré. Je refuse catégoriquement d'aborder à nouveau la question. Je fais semblant de ne pas entendre, je file dehors dès que je croise ma mère, je l'envoie promener, je suis d'une humeur noire. Khadija attend deux à trois jours et revient à la charge autrement. Elle me fait assoir, me prend les mains et me dit d'une voix qui se veut rassurante :

– Écoute, on a réfléchi avec Aïcha. Finalement, on fait juste les fiançailles. On n'est pas pressées, mon fils, ne t'inquiète pas.

Je me lève aussitôt d'un bond, ne voulant rien entendre. Elle me retient en se lamentant :

– Je n'ai plus de sous, tes sœurs m'ont ruinée. Ils me volent tous, j'ai plus rien. Il faut que je garde Amaria. Au moins, on la perd pas, mon fils, on la réserve… On la réserve, tu veux ? On fait juste les fiançailles, et après on verra. J'te demande juste les fiançailles. Tu la consommes pas mon fils. On va faire la fête, hein ?

Rien à faire, je ne suis pas d'accord. Mais elle est maligne ! On fait juste les fiançailles, c'est une façon de me dire, j'ai compris, tu n'es pas comme les autres, mais il faut sauver les apparences. Si tu te fiances, c'est que tu es un homme. On cloue le bec de tout le monde. Après tu fais ce que tu veux. Quelque chose en moi se fige, je ne peux pas entendre cela de la bouche de ma mère.

Arrive Christian, un copain à moi, un Espagnol d'Algérie, un stroumpf. Ces petits hommes bleus vivent ensemble sans femme, ils sont forcément gay, n'est-ce pas ? C'est drôle, personne ne se pose la question à leur égard. Magistrale, Khadija saisit l'opportunité immédiatement.

– Comment tu t'appelles ? Christiane, euh, Christian ? Ah ! c'est bien, t'es beau. T'es belle ! Ta mère, elle est d'où ? D'Alger, ah !... et ton père ? Oran ? Ohhhhhhhhhhhh ! Tu veux venir avec nous à Oran, hein, mon fils ? T'as le passeport ? Oui ? alors tu viens avec nous pour la fête.

Suprême manipulation. Elle me colle un stroumpf pour se montrer cool et me faire baisser la garde. Moi, je tombe dans le panneau. Elle me demande uniquement de faire semblant de me fiancer, les choses ne sont pas sérieuses. On ne va pas se fiancer en Algérie accompagné d'une grande folle. Qui pourrait le croire ? Il y a là quelque chose d'hallucinant qui anesthésie ma méfiance. J'ai pensé, je pars avec une copine, une folle, on va se régaler, s'amuser sur le bateau... Allez, on y va ! La croisière s'amuse !

Je fais un TUC, un travail d'utilité collective en guise de formation, histoire de ne pas rester à rien faire. Dès qu'ils quittent l'école, les Maghrébins enchaînent des stages qui ne mènent nulle part. Je connais tous les organismes, CNASEA, AFPA, GRETA, tous ! Grâce à eux nous connaissons au moins l'alphabet. Les gens dits sérieux appellent cela des formations, mais nous en sortons plus déformés que formés. Je fais ce TUC pour ne pas rester à rien faire. Je prends mon maigre salaire de fin de mois et file au centre Bourse acheter mon costume de fiançailles. J'entre dans la boutique d'une juive bien brave. Elle me jauge des pieds à la tête, me jette un regard entendu, et sort de son fatras un magnifique costume vert en soie sauvage.

– Il te va comme un gant, mon fils. Il est beau, il est pour toi.

Khadija me félicite de mon choix. Je m'inquiète un instant auprès d'elle :

– C'est pas un peu trop pour des fiançailles ?
– Rien n'est trop beau pour toi, mon fils ! On va leur en foutre plein la vue à tous ! Toi, tu me comprends. Tes sœurs, ces idiotes, n'ont rien compris. Elles m'ont ridiculisée.

Je la trouve plus détendue en ce moment, l'horizon semble se dégager pour elle. Elle boucle les bagages, mon costume de fiancé bien rangé dans une valise. Le jour du départ, nous grimpons sur *le Hogar*, un énorme paquebot qui fait la traversée entre Marseille et Oran. Des centaines d'immigrés sont sur le pont, avec leurs sacs gonflés à bloc, leur marmaille et même leurs poules. L'ambiance est à la gaieté, le retour au pays est toujours un moment heureux, quand on sait que l'on va repartir. Christian et moi, nous nous amusons comme des petits fous. Ma mère ne quitte pas nos bagages des yeux. Elle feint de ne pas voir nos petits jeux de grands adolescents.

À peine arrivés en Algérie, Khadija ouvre les valises pour voir ce qu'on nous a volé. Elle a eu beau surveiller les bagages de près, elle a l'habitude, elle sait que les douaniers sont des rapides. J'emmène Christian visiter le village, la laissant à son inspection. Pour lui tout est nouveau. Ses parents rapatriés ne sont jamais revenus en Algérie. Il a seulement entendu sa mère raconter leur vie, avant, là-bas. Et tout à coup, les images se synchronisent au son. Il est très excité, prend des photos sans arrêt, s'exclame au passage de jeunes éphèbes magnifiques. Nous rions beaucoup. Khadija a eu une bonne idée de l'inviter.

De retour à la maison, j'entends ma mère gémir et se lamenter. Assise parterre, elle tape fort sur ses genoux et pleure toutes les larmes de son corps, comme si elle avait perdu son père une seconde fois.

– Ils ont volé le costume, ils ont volé le costume ! sale race de douaniers. Le jour de ton mariage !!! comment on va faire ?

Je reste interloqué. J'ai dû mal entendre.

– Mariage ? Quel mariage ?

Khadija ne répond pas. Elle continue de taper sur ses genoux et pleure de plus en plus fort. Aïcha, me dit d'une pauvre petite voix pleine de larmes :

– On a réfléchi avec ta mère, Bouchta. On n'a pas les sous pour le mouton deux fois. On peut pas faire les fiançailles et le mariage, c'est trop ! On fait le mariage direct et, maintenant en plus, y a plus de costume !

Ce n'est pas possible ! Ma respiration se coupe, je me mets en apnée. D'un seul coup, je revois d'affilée tous les mariages de mes sœurs, le viol d'Alima derrière la porte, moi, petit, dans les jupes de ma mère, spectateur incrédule. L'horreur. J'étais à l'époque dans la peau d'un invité qui ne comprenait rien. Me voici acteur principal et je ne comprends toujours rien. Par réflexe de survie, je me dissocie immédiatement. Je deviens spectateur non pas de ma tribu, mais de moi-même, de ce qui va m'arriver.

Me voyant pétrifié, sans réaction, ma mère cesse de gémir. Elle prend un coussin, l'ouvre, en sort une liasse de dinars et m'ordonne d'aller m'acheter un autre costume à Oran. Elle lance à Christian sur un ton rageur :

– Attention, te trompe pas, hein ? La rue des costumes, pas la rue des mariées.

Dans la rue des costumes, l'enfilade des boutiques de costumes d'homme me font penser à une brochette sans épices. Que des costumes noirs. Tristes. Je les regarde, démotivé, triste comme eux. Au fond d'un magasin, je finis par dénicher un costume bordeaux. C'est le seul. Va pour le costume bordeaux, je veux avoir le dernier mot. Christian s'affole, il craint la réaction de ma mère. Rien à faire, je veux ce costume et pas un autre. Et j'y ajoute une chemise rose.

À la vue du costume, Khadija se met à hurler. Tout le quartier en profite, mais elle n'en a cure. Son fils va trop loin.

– C'est de la folie ! même pas la mariée se met en rose. C'est de la folie.
– C'est ça ou rien !

J'espère bien qu'elle va répondre rien. Je pleure en silence, je voudrais tellement mourir. Dans l'une de ces plus belles voltefaces que je ne pourrai jamais oublier, Khadija m'ôte tout espoir. Le couperet tombe.

– Eh, ben, c'est ça alors ! Ce soir tu te maries.

Plus un mot, elle a cédé sur la chemise rose. Un silence mortel remplit la pièce. Khadija se dirige vers une valise qu'elle m'a soigneusement cachée jusqu'ici. Elle en sort la robe de mariée qu'elle a achetée avant de partir, chez Tati à Marseille, pliée en accordéon dans la mallette bon marché, bien serrée. Dès qu'elle en fait sauter les sangles, la robe jaillit comme un diable en volants à frou-frou. Je suis consterné, c'est d'un mauvais goût ! Si seulement le douanier avait pu voler cette robe et non pas mon costume.

Khadija appelle Amaria, lui ordonne d'enfiler sa robe. Ma sœur de jeu me lance un regard pitoyable. Face au fantôme que je suis devenu tout à coup, elle ne sait que penser. Aïcha essaie de détendre l'atmosphère. Elle s'exclame devant la robe de mariée, remercie chaleureusement Khadija, félicite sa fille, l'encourage à aller s'habiller vite, le mariage va commencer. Comme un pantin désarticulé, je mets mon costume sous les yeux navrés de Christian. J'attends. La mariée revient une heure plus tard.

Elle a des anglaises comme Rabi Jacob, alors que sa chevelure d'ordinaire sauvage et drue s'étale magnifiquement sur ses épaules. Elle porte un drôle de chapeau. Il ressemble à une galette fatiguée, qui coupe l'appétit. Elle est déguisée. Elle est gentille, la mariée, mais que peut-elle faire face à la détermination de nos mères ? On ne lui a sans doute rien demandé. Moi aussi, je suis déguisé. Je voudrais m'enfuir, comme mes sœurs. J'ai à peine dix-huit ans, où aller ? Me retrouver SDF dans la rue ? Plus de toit, plus de famille ? L'emprise est tyrannique, je me sens piégé. Très perturbé. Affreux, sale et méchant, tel est notre univers. C'est la misère qui veut cela. Ma mère est très dure, certes, mais on ne choisit pas sa mère. Ou elle devenait aussi dure, ou elle mourait. Elle aurait pu mourir mille fois. De galères, de détresse, de maladies, de coups, de tout. Khadija, ma mère, cette grande tragédienne méditerranéenne a tenu la route. Et moi, Bouchta, je suis son meilleur public. Elle a inventé l'interactivité avec son public avant l'heure !

Les deux femmes organisent un vrai cortège. On m'emmène chez le marabout, on m'exhibe dans tout le village. Je marche assommé. Ma tête est vide, mon sang glacé, malgré la chaleur. Au moment où l'on me demande de rentrer dans la voiture, j'ai l'impression que je vais mourir. C'est sûr, je vais mourir, je vais faire une crise cardiaque. Ce qui me sauve c'est peut-être de voir cette drôlerie qui échappe à tout le monde. Je suis assis d'un côté, la mariée est au milieu et Christian de l'autre côté. Il ne dit pas un mot, mort de peur d'être marié lui aussi. Ma mère est rassurée, tout le monde a vu son fils en marié, pas de doute, c'est un homme. L'honneur est sauf !

Une énorme fête a lieu le soir même. Tout le village est invité, même les douaniers, il vaut mieux se les mettre dans la poche. Les femmes investissent le bas de la bâtisse qui nous accueille, les hommes le haut, au premier étage. On me laisse au premier étage avec les garçons du village. Parmi eux, je reconnais quelques amants. Là-bas, tu peux avoir des amants mais à condition de faire des enfants avec une femme. Tous les homosexuels, tous les hommes se marient. Le mariage pour tous, c'est vraiment pour tous depuis la nuit des temps. Chez nous, on compte zéro pour cent de célibataires.

Dans la chambre les garçons, des adolescents pour la plupart, s'encanaillent. Ils font des commentaires sur la mariée, sur ma chance d'avoir été destiné à cette fille si jolie, et tellement gentille. Chacun me donne des conseils pour faire l'amour à une femme de façon inoubliable. Des machos ! L'ambiance me paraît surréaliste ! Je les écoute comme une petite fille transie de peur, en me demandant comment je vais faire. Paniqué Christian me harcèle : « comment tu vas faire, comment tu vas faire ? Ooooh ! Oh ! la la ! Heureusement que je suis pas un arabe, moi ! »

Et hop ! Deux hommes costauds viennent me chercher. Ils me prennent solidement par les bras et me serrent en étau. Ceux qui aiment la chanson de Francis Cabrel, la Corrida, peuvent comprendre l'horreur de ce que je vis. Je suis comme dans le couloir de la mort, mais il s'agit plutôt du couloir du mariage pour tous. J'avance, j'avance, sous les youyous. Je suis écrasé. Au bout du couloir, sur la droite, la chambre nuptiale apparaît. Je demande à ma mère d'aller faire pipi, comme un enfant de dix ans. Elle acquiesce d'un air agacé :

– Alors vas-y, fais vite !

Retarder le moment fatidique. Trouver une échappatoire. Mon cœur bat à cent à l'heure. J'ai peur. Je n'existe plus. Peut-être que pisser va me rendre vivant, me faire sentir à nouveau la chaleur de mon corps. Ce sont des wc turcs, l'envie d'uriner me passe. Je regarde le trou noir du cabinet comme une fenêtre. Mon cerveau bouillonne : comment je fais pour rentrer là-dedans ? Comment je m'échappe ? Je regarde en l'air, il y a juste une toute petite fenêtre d'aération avec un barreau. Aucune issue possible. Je commence à comprendre. Je fais marche arrière et je retourne dans l'arène. La chanson de Cabrel me prend aux tripes.

Une vieille femme voilée nous attend devant la porte de la chambre. Elle n'a que deux dents. Si elle me mord, je suis bon pour le tétanos. Elle attrape la main de la mariée très inquiète. Fatiguée, la pauvre laisse tomber ses escarpins qu'elle tient à la main. La vieille écrase un œuf sur une assiette de porcelaine pour voir si la mariée est vierge ou pas. Elle regarde la mariée droit dans les yeux :

— Toi... t'es pas vierge, hein ? tu me caches quelque chose.

Elle a bien vu un problème... évidemment pas le bon. L'homme étant au-dessus de tout soupçon, le problème est forcément attribué à la mariée. Amaria est confuse, rouge de honte.

Dans la chambre nuptiale, tout est tradition. Une djellaba est tendue à la porte comme dans une tente. La porte de la chambre du mariage d'Alima me saute à l'esprit. J'étais derrière, j'écoutais, je n'en croyais pas mes oreilles. Et là tout d'un coup, il y a cette porte pour moi, pour mon mariage. Je m'arrête devant, tétanisé. Mes deux gardes du corps me poussent en avant. Nous entrons timidement dans la chambre que ma mère a décorée sans ménager sa peine. Un immense tissu noir est tendu aux murs pour la circonstance, des ornements or le rehaussent magnifiquement. Sous la tapisserie, deux banquettes serrées, deux matelas serrés, tous les cadeaux offerts, des couvertures, des couvre-lits, des coussins, des robots, des cocottes minutes, tout le barda de cuisine pour le trousseau de la mariée... Je regarde du côté de la fenêtre grillagée de barreaux, mis en place par l'ex-premier mari d'Alima. Impossible de s'échapper. Chat échaudé craint l'eau froide, Khadija a pensé à tout. Sur une table basse, elle a fait poser une théière, des pistaches... des aphrodisiaques dans la tradition. Amaria s'assoit parterre près de la table. Je la regarde, incrédule. Je la connais depuis un an, c'est une sœur pour moi. Je m'assois à mon tour, en face d'elle. Elle a les joues rouges, les joues de Zavata. Je la trouve très mal maquillée, un maquillage de scène. Je lui sers du thé. Elle me sert du thé. Je mange deux trois amandes. En arrière-fond, nous entendons les gens qui dansent, qui font la fête, comme dans l'arène. Et voilà! il faut que je fasse l'amour avec cette fille. Je fais quoi? je fais comment? Ils me demandent de faire l'amour avec une sœur? Le visage de Samir me traverse l'esprit comme un scud. Suis-je donc condamné à l'innommable comme Œdipe roi? Le mythe tragique est-il seulement un mythe? L'horreur me paralyse. Elle me regarde, je la regarde. Un enfer noir. Elle se retourne d'un coup: «Ouvre-moi la fermeture éclair de la robe». Je fais descendre la fermeture lentement. Rien d'érotique pour autant, je suis en décalage, comme le spectateur d'un film qui n'est pas le mien. Elle baisse sa robe. Un instant j'ai l'impression fulgurante qu'on m'enlève ma robe moi aussi, comme dans une file indienne. Étrange sensation qui me donne la chair de poule. Je tremble.

Elle entre dans le lit avec la combinaison qu'il va falloir montrer tout à l'heure, tâchée pour preuve de sa virginité et de la consommation du mariage. Elle regarde le plafond. Je reste bras ballants. Elle prend ma main et me dit un seul mot: «Courage!». Elle a cinq ans de plus que moi, ça doit l'aider. Elle pose ma main sur son sein. Alors je tourne ma main sur son sein. Je tourne, je tourne. Je vois qu'elle souffle au bout de quelques tours. Je me dis «faut changer de sens». Devant tant d'inexpérience, se fiant à son instinct, elle m'attrape et me monte sur elle. J'ai le mal de mer, je suis sur le Titanic au moment où il va sombrer dans l'eau glaciale. Rien à faire, je ne suis pas en érection, mon sexe a même complètement disparu. Je crois que c'est le seul moment de ma vie où je me suis sentie vraiment femme. Qu'est-ce qu'on fait? Rien. Elle pleure, je pleure. Elle pleure, je pleure.

On tape à la porte. Une voix de femme nous lance:

– Faites vite, les invités vont partir.

Je prends mon courage à deux mains, il faut gagner du temps:

– Attendez, il fait chaud...

– Vous avez pris tous les ventilateurs. Y en a plus un en bas. Faites vite !

Et nous pleurons comme deux enfants perdus au fond d'une forêt. Elle pleure en arabe :

– Qu'est-ce que j'ai fait sous les pieds du bon Dieu pour mériter ça ? Tout le monde va dire que je n'étais pas vierge. La honte sur moi ! Allez fais vite !
– Mais comment je fais ?
Ma mère tape deux fois à la porte. Elle entre, et nous voit assis, tous les deux en pleurs. Elle crie bien fort pour que tout le monde entende :

– Écoutez-moi, mes enfants, vous avez compris, vous emmerdez tout le monde, vous avez toute l'année, tout le mois, toute la semaine, alors faites vite.

Elle claque la porte en ressortant. Et s'évanouit aussitôt. Pour toute l'assemblée, c'est le signe que la mariée n'est pas vierge. Tous les invités d'Aïcha quittent la fête.

Nous, dans notre pauvre lit nuptial, nous n'y arrivons toujours pas. Nous pleurons. À l'extérieur, ils insistent.

Je me souviens tout d'un coup que Christian m'a soufflé à l'oreille, au moment où on m'emmenait, « prends ta trousse de toilette, elle te servira ». Je l'ouvre, y trouve du gel. Je pense alors à me masturber avec. Le résultat est pitoyable, mon sexe est devenu un makrout ! Mon cœur palpite. Ah ! Christian a dû sous-entendre que j'aurai besoin du rasoir. Je l'arrache de la trousse et me coupe aussitôt un morceau du mollet pour me faire saigner. Et ça saigne ! je mélange rapidement un peu de sang, un peu de thé, je l'étale sur la chemise de ma femme qui se débat :

– Non, pas trafic, pas trafic ! je suis propre moi.

Elle pleure davantage encore.

– Donne ta chemise. Ils veulent du sang, ils vont en avoir.

Ma jambe me fait mal. Un homme tape à la porte. Je me précipite en l'insultant :

– Espèces de vampires, vous voulez du sang, tenez ! voilà du sang !

Je sors furieux de la chambre. Les copines d'Amaria s'engouffrent aussitôt dans l'antre tellement mystérieuse pour elles. Curieuses, elles lui posent mille questions à la fois qui se réduisent en fait à une seule : ça fait mal ? Elles veulent toutes savoir avant leur tour. Amaria ne raconte rien à personne. Mais à moi, elle indique de façon autoritaire : «je te donne trois jours pour me dépuceler, sinon, je raconte tout à tout le monde». J'ai tellement peur du qu'en dira-t-on, que le troisième jour je réussis le tour de force.

Quelle violence inouïe dans ce mariage que ma propre mère me fait subir comme si j'étais l'une de ses filles. Roublarde, elle me plonge dans un double lien qui me rend fou. Elle m'impose tout à la fois le mariage pour que je devienne un homme, et elle me le fait vivre comme le vivent les femmes. C'est intenable, la schizophrénie me guette. De ce jour-là, je sais définitivement que je ne suis pas un homme. Tout le questionnement de mon enfance s'effondre. La réponse est là, évidente, cinglante : je ne suis pas un homme.

Où que je sois, quelle que soit mon occupation et mon entourage, la chanson de Cabrel fait remonter en moi chacune des images de ce mariage forcé. J'étais un témoin et non pas le marié. Sans doute fallait-il un témoin qui soit un homme, les filles de chez nous ne l'ont jamais raconté ainsi. Elles ont trop de pudeur. C'est un héritage depuis tant d'années, elles n'osent pas raconter, leur pudeur recouvre la violence archaïque d'un linceul sacré.

Pour moi, c'est un profond traumatisme. En sortant de la chambre nuptiale, je n'ai qu'une idée en tête : « Elle m'a marié ! mais merde ! comment je vais faire maintenant ? je peux pas devenir un homme ! ». Face à l'angoisse qui m'envahit, mieux vaut fuir en avant. La première nuit de mon mariage, je ne rentre pas à la maison. J'éprouve le besoin absolu de me laver de ma femme. Nous filons, Christian et moi faire les quatre cents coups dans un autre village. Je passe la nuit chez un type rencontré dans une fête donnée dans une cave à vin désaffectée. Il travaille dans une mercerie. Christian, lui, finit la nuit chez un employé de la Poste. Au petit matin, la guerre est déclarée à la maison. Tous nous attendent. Tous crient très fort. Je suis révolté, je me suis imaginé qu'étant officiellement un homme marié, je pouvais m'arroger les droits des hommes. Eux, n'ont pas de compte à rendre. Eux peuvent découcher et rentrer sans dire un mot. On ne demande pas à un homme marié d'où il vient ! c'est impensable. C'est cela les droits de l'homme chez nous ? Mais non, tous me traitent comme une fille qui a découché, une traînée, une vaut rien ! Ce matin-là, je sais que tous me voient comme une fille. Mon corps d'homme n'est qu'une apparence.

Christian rentre à Marseille. Il n'est pas près d'oublier mon mariage forcé lui non plus. Je reste deux mois encore en Algérie. Amaria n'a pas de visa pour quitter le bled, il lui faut patienter. Déprimé, triste à mourir, je traîne toute la journée en djellaba dans les mosquées pour ne pas avoir à rencontrer ma femme. Le visa n'arrive pas, il manque toujours un papier. L'administration est tatillonne, imprévisible, il faut avoir beaucoup de patience. Je décide de rentrer à Marseille. À mon retour, mon père est écœuré. « Qu'est-ce que c'est encore que cette histoire de mariage ? Ta mère est folle ! ». Je réintègre la maison, dormant là où je peux, d'un fauteuil à l'autre.

Alima a appris ce qui m'est arrivé. Elle me contacte discrètement :

– À toi aussi, elle a fait ça ? Viens chez moi !

Je fugue pour m'installer chez elle, rue Sainte, dans un autre quartier de Marseille. Au bout d'une semaine, mon père vient me chercher. Il tape à la porte. Je me cache aussitôt derrière un fauteuil, balançant d'avant en arrière pour échapper à son regard circulaire dans la pièce. Ali est brave. Il est venu parce que ma mère lui en a donné l'ordre, mais il n'est pas comme elle.

– Il est où ton frère ?
– Vous avez pas honte ? C'est trop ça ? C'est quoi ça le marier de force ? C'est pas possible, vous êtes des malades du mariage.

Alima ne peut s'empêcher de hurler la rage ancrée en elle. Ali baisse la tête.

– C'est ta mère !

Lui est surtout venu pour voir sa fille et la petite :

– Ça va ma fille ? la petite elle a grandi. Je suis content de la voir.

Je guette derrière le fauteuil. Il ne me voit pas, ou ne veut pas me voir. Alima est inquiète, elle sait que Khadija ne va pas baisser les bras. Elle me conseille d'aller plutôt me cacher chez une cousine à Menton. Je reprends mon bagage, arrive à Menton par le train, sans aucun goût de la vie. Ma cousine est adorable. Elle vit avec un Italien dont elle a deux enfants. Khadija a également essayé de la marier de force dans le temps alors qu'elle était mineure. Elle s'est échappé à Nice, a changé de prénom pour celui de Rebecca. J'emmène Yann et Ivan, ses deux petits, à l'école tous les matins, je fais le ménage, je prépare les repas. Je me rends utile. Je me sens bien chez Rebecca. Au bout de six mois, les souvenirs brûlants de mon mariage se calment un peu. Le répit est de courte durée. Un jour, on tape à la porte.

Un petit va ouvrir. Ma mère et deux hommes pénètrent dans l'appartement de façon tonitruante. Je suis encore dans le lit avec ma cousine. Rien de mal, elle est comme ma sœur ! Khadija entre dans la chambre. Elle lève les yeux au ciel, hausse les épaules et n'oublie pas au passage de faire savoir que je suis un hétéro.

– Elle a pas honte, cette petite garce ! elle est mariée, elle dort avec son cousin. Un homme ! On aura tout vu !

Rébecca tremble de peur.

– Il est parti de chez toi, j'allais pas le laisser dans la rue, qu'est-ce que je pouvais faire ?

L'ignorant complètement, ma mère s'assoit au bord du lit en pleurant comme si elle pleurait un mort :

– Mon fils, mon fils, viens à la maison. Au moins tu fais les papiers. Tu peux pas la laisser sans papiers. Tu peux pas lui faire ça en plus !

Encore une ruse. Elle a trouvé la bonne raison. Le mariage civil n'a pas eu lieu. Après le viol, je me suis échappé, c'est vrai et je n'ai plus pensé à la pauvre Amaria. Je me suis comporté comme un enfant qui cache sa tête sous un oreiller, et ne veut plus voir ce qui lui fait peur. Mais la vie continue qu'on le veuille ou non. Ma mère a ramené ma femme à la maison. Les deux hommes me sortent du lit, me prennent solidement par les bras. Retour à la maison. Pendant tout le trajet en train, ils m'encadrent comme Christian et moi encadrions la mariée au moment du cortège, puis dans la voiture. C'est étrange comme les événements peuvent se répéter dans une vie. Pas le choix. Je suis la fille qui veut échapper au mariage. Pas question pour Khadija de rater encore un mariage.

Une semaine après, Khadija publie les bans à la mairie. Il me faut faire une prise de sang. Stupeur générale, je suis séropositif.

Je ne suis pas étonné dans le fond, j'en avais l'intuition. J'écoute beaucoup la télévision. Yves Mourousi n'a-t-il pas dit un jour, à sa façon à lui, que le sida est une maladie d'homosexuel ? Dans mon esprit d'enfant, homosexualité et sida sont deux mots pour dire la même chose. La rumeur court depuis longtemps que deux personnes du même sexe qui se touchent attrapent le sida. Moi qui ai connu plus que des attouchements dans mon enfance, j'ai certainement le sida. J'ai peur mais je n'en parle pas. Il faudrait tout dénoncer. Au moment du mariage civil, on me le dit clairement. On ne dit rien à personne, décide Khadija. Je suis bien incapable de nommer la chose tant elle m'épouvante.

Non seulement ma mère me traîne par les cheveux à la mairie, avec des cernes de Derrick sous les yeux, mais en prime, on m'annonce que je vais crever. Je passe par toutes les couleurs, vert, violet, orange. Mais tu vas le dire à qui ? À personne. Tu vas dans la chambre de ton frère, tu prends un costume qui ne te va pas, tu le mets, tu achètes un bouquet de fleurs pour la mariée qui l'a bien mérité, tu te traînes à la mairie, tu dis oui, oui… tu es comme un fantôme. Ma sœur Leila nous rejoint à la mairie avec son mari pour voir ce qu'il s'y passe. Elle m'avait élevé malgré sa polio. Elle ressent ma profonde tristesse. Je la vois triste elle-même, elle ne peut rien faire. Je n'ai pas le choix, je suis tenu de tous les côtés, même la maladie me promet de crever bientôt. Alors finalement ce mariage…

Divorce

Les deux années qui suivent ce funeste mariage, sont des années de fugues, de fuites désespérées et de tentatives obstinées de devenir un homme.

Amaria est à la maison auprès de ma mère. On nous a installés dans un cagibi qui ne peut contenir qu'un lit double. Rien de plus. D'un côté, la porte ouvre sur la chambre des parents. De l'autre, une vague fenêtre donne sur la chambre de Redouane, l'œil de Moscou. Amaria s'en satisfait, moi je ne pense qu'à fuir dehors. Mon frère me traque dans la ville, me bat histoire que je devienne enfin un homme. Je me réfugie à la mosquée. Habillé d'une djellaba, je cherche Allah, mon dernier espoir. Si tu ne le connais pas, lui te connaît, il ne peut pas t'abandonner. Les années quatre-vingt-dix sont gangrénées par le poison des fous d'Allah, les autorités publiques ferment les yeux, ou n'y comprennent rien. Des barbus me repèrent vite. Ils me tournent autour comme des mouches pour me convertir à l'Islam. Stupides barbus ! je suis là, je viens ici de moi-même, ai-je besoin d'être converti ? Je me sens bien à la mosquée au moment des prières, j'aime découvrir le Coran. Naïf Bouchta ! Je les écoute, persuadé que si je suis leurs conseils, je vais devenir un homme. Mais je n'adhère pas à leur propagande quand ils me disent comme des grands frères bienveillants : « Faut te réveiller, mon frère. Faut lutter contre l'occupant ». La haine sournoise derrière leurs propos affables me heurte. De toute façon, je ne risque pas d'y adhérer parce que je ne serai jamais un homme. Réveille-toi en effet Bouchta, sous couvert de religion, ils te proposent une formation de terroriste. Perturbé, perdu comme un enfant, tu es une belle proie. Je ne parle pas l'arabe, mais je l'apprends et je déchiffre le livre saint avec bonheur. Les mosquées abritent des types venus des quartiers, des tordus, des toxicomanes, des gays, le garçon qui vient à la mosquée laver les péchés de ses sœurs prostituées, et qui ne sait plus quoi faire. Il y a les anciens, des grands, des gros, qui ont fait de la prison. Et, nous, nous sommes les petits jeunes. Ils sont tellement gentils avec nous, ils en ont tellement vu ! Ils ne te jugent pas, ils savent que tu es un pédé, mais tu aimes Allah, alors ce n'est pas grave, ils vont t'aider à devenir un homme.

D'autres fois, je drague à la gare avec Christian, sans aller plus loin. Juste draguer, aguicher pour les provoquer tous autant qu'ils sont. C'est de la pure folie, mais il faut que je m'échappe de cet enfer. Redouane me rattrape, me flanque une raclée. Je lui crache à la figure, révolté, ulcéré. Il m'en redonne une autre. Épuisé, je rentre à la maison, la mort dans l'âme.

Je souffre, je fugue, mon père vient me rechercher. Lui aussi fugue quelquefois parce qu'il prend mon parti. Nous nous retrouvons à Toulon chez ma sœur handicapée, dans le clan des bannis.

Khadija ne lâche pas prise, elle ne veut pas perdre Amaria, sa fille pour la vieillesse. Elle réussit à nous obtenir le petit trois pièces qui se libère dans la cour de notre maison de l'OPAC. Un peu d'intimité pour un jeune couple, ça devrait arranger les choses ? dit-elle. Pendant ces longues journées où je traîne à la mosquée ou à la gare, Amaria fait le ménage, prépare les repas, bavarde avec sa belle-mère qui la réconforte chaque jour. Je ne lui ai pas encore avoué que je suis homosexuel. Elle se pose des questions. Elle ne sait pas non plus que j'ai le sida.

– Mais, non, ma fille ! T'inquiète pas.
– Khadija, I'm'a pas touchée depuis le mariage. Tu crois pas qu'il est pédé ?
– Pédé ? ? ? ? Y a pas de pédé chez nous ! Tu sais pas, ma fille, les hommes c'est tous des pédés quand ils sont jeunes. C'est nous les femmes qui les rendent des hommes. Mon mari, il était comme ça au début, après c'est moi qui disais non. Allez ! Je vais t'apprendre…

Amaria fait tout ce qu'elle peut pour suivre les conseils de Khadija. Elle use de tout son charme pour me séduire. La pauvre est amoureuse de son mari. Elle souffre de mon comportement. Quand je rentre de la mosquée, elle me fait un scandale. Elle pleure la nuit, prend la couverture et va dormir dans une autre pièce en hurlant. Elle prie cinq fois par jour. Pour moi, pour elle. J'ai pitié d'elle, je l'aime bien Amaria, c'est une fille bien. Un soir, j'essaie de faire un effort. Je sors une boîte de préservatifs. Elle s'affole, se met à crier, « Mets pas ça ! mets pas ça ! c'est pour les pédés ». J'y renonce, je fais l'amour avec elle ce soir-là, tant bien que mal. J'en suis malade. Je ne peux même pas dire *ma femme*, quand je parle d'elle. Elle n'est pas à moi puisque je ne la veux pas. Maintenant, je sais quelle femme formidable elle est. Je peux dire ma femme, comme je dis ma veste. Je l'aime tellement Amaria, ma femme.

Je n'en peux plus, la situation est intenable. Même à la mosquée, on m'insulte. Je ne suis pas un homme, même pas un humain. Un fantôme qui déambule parmi les humains. Être obligé de coucher avec une femme alors qu'on sait qu'on n'est pas un homme, la faire souffrir, savoir qu'on a le sida, qu'on va crever tôt ou tard, c'est trop lourd à porter. Faut pas baisser les bras, je sais bien. Tenir debout.

J'économise peu à peu de l'argent pour aller à la Mecque. Là, je vais vraiment rencontrer Allah. Là, il me fera devenir un homme. Je m'inscris dans une agence de pèlerinage, demande mon visa, me prépare mentalement. L'espoir renaît en moi. J'attends impatiemment le retour de mon passeport. Quand il me revient, je m'aperçois qu'on m'a donné le visa, puis il a été annulé. La Mecque n'a pas voulu de moi, il faut avoir vingt-et-un an, je suis mineur. Je retourne à l'agence me faire rembourser. La fille me dévisage un moment. Elle réfléchit :

– Ta mère peut pas aller avec toi ?
– Laisse tomber ma mère, elle est occupée avec ses trafics.
– Et ton père ?
– Il boit de l'alcool.
– Alors pourquoi tu vas pas à Lourdes ? Écoute, je peux pas te rembourser. Par contre je peux t'envoyer dans un autre pays.

Elle me montre une brochure avec des moulins bleus, des falaises, la mer, des barques colorées paisiblement attachées au quai d'un joli petit port de carte postale. C'est magnifique. La beauté me fait sortir de ma léthargie. Quand tout est laid dans ta vie, la beauté de la nature, la beauté de l'art sont là pour te dire, mais non, ne baisse pas les bras, cherche encore, il y a autre chose dans la vie.

– Voilà, c'est Mykonos, en Grèce ! je te rembourse le billet. Tu en prends un autre pour Mykonos, avec l'hôtel, et tu as encore de l'argent de poche pour t'amuser. Tu vas te régaler !

Je pars à Mykonos sans prévenir personne. Une autre Mecque cette île ! Ce n'est pas moi qui tourne à la Mecque, mais les mecs qui tournent autour de moi pendant mon séjour sur cette île paradisiaque. Ce sont mes plus belles vacances. Elles ont le goût de la liberté, de l'interdit dépassé, et de la beauté.

À mon retour, la relation avec Amaria et le reste de ma famille est très tendue. On me donne tous les noms d'oiseaux.

Un soir, Amaria fait la vaisselle. Nous nous parlons très peu. J'essuie, je range. J'aime aider. Elle me regarde les larmes dans les yeux et me dit :

– Bouchta, pourquoi ta mère, elle nous a fait ça ?

Sa pauvre voix d'enfant battu, ses mots de rien du tout me vont droit au cœur. Je me dirige vers la pièce où je fais mes prières, je prends le Coran, le soulève entre mes mains et m'adresse à lui directement :

– C'est bon, je peux plus ! Fini la religion. Vivre dans le mensonge, dans la folie, dans l'arnaque, je peux plus ! Mon Dieu, tu me connais, tu m'as créé, tu sais de quel bois je suis fait, je ne peux plus continuer comme ça. Pardonne-moi.

Les larmes, contenues dans ces années d'endurance du malheur de ne pas être un homme, coulent longtemps sur mon visage. Elles sont ma prière la plus intime. Je pleure en silence le Coran entre les mains. Au bout d'un moment, je le repose sur un petit meuble. C'était trop lourd à porter. Je retourne auprès de ma femme et fais mon coming out. Elle s'accroche à mon cou, désespérée :

– Non, non, toi, pas pédé, pas pédé.

Quelques jours après, un matin, j'entends du bruit dans la cuisine. Amaria est levée depuis un moment. Je me lève à mon tour, et me penche sans bruit dans l'embrasure de la porte. Ma femme ne m'entend pas, elle est très concentrée. Un à un, elle fait brûler des versets du Coran et en met les cendres dans mon café. Ma mère l'a emmenée la veille chez un marabout pour la calmer. J'ai forcément le mauvais œil, il va le chasser et me faire devenir un homme. Les deux femmes notent bien ce qu'il faut faire. Dans leur esprit, les versets du Coran brûlés fondent dans le café et te transmuent peu à peu chaque jour lorsque tu le bois. C'en est trop. Je vomis une énorme colère, violente, douloureuse sur Amaria pétrifiée. Je ne l'ai jamais encore insultée, encore moins brutalisée. Ce matin-là je la couvre d'insanités. Elle m'a tellement humilié chaque fois qu'elle m'a vu avec Christian, nous traitant de chiennes et de pédés. C'est plus fort qu'elle ces insultes, elle m'aime, elle veut un mari, il se défile et la provoque avec un homme. Ma mère intervient très vite :

– Non, ce n'était pas pour toi, c'était pour ton frère.

J'éclate en folie. L'hystérie est totale. J'ai trop encaissé, trop subi, trop prié pour devenir un homme. Je veux divorcer, mettre un terme à cette mascarade. Je m'échappe de cette prison.

Le calme revenu, Amaria tente de parler avec moi à deux ou trois reprises. Elle comprend, elle m'aime, elle va m'aider à devenir un homme. Ce n'est pas possible, je lui dis la vérité. Je suis homosexuel, j'ai le sida, je lui ferais du mal. J'ai subi toute ma vie. Je ne peux vraiment plus, je suis au bout du rouleau. Elle pleure, ne veut rien savoir. Dans des hoquets qui me crèvent le cœur, elle répète comme un disque rayé : « non, non, c'est pas vrai tout ça, tu es mon mari. Reste. ». Khadija s'en mêle, m'insulte, défend sa belle-fille. Redouane me règle mon compte en me cognant chaque fois qu'il me croise dans la cour. Rien n'y fait. Ma décision est ferme. Je divorce.

Amaria se réfugie dans la maison de mes parents, je conserve l'appartement conjugal. Elle a beau être furieuse, dépitée d'avoir raté les mariages de ses enfants, Khadija ne mettrait pas son fils à la porte. Amaria refera sa vie plus tard, aura deux beaux enfants. Nous nous croisons souvent dans Marseille, avec une certaine émotion, beaucoup d'affection et de respect l'un pour l'autre.

Peu de temps après, Samir divorce à son tour. Ali l'héberge quelque temps. J'entends les pas de ma mère dans la cour. Elle va repartir au bled, elle passe chez tous ses enfants pour ramasser un peu d'argent ou des vêtements. Ça m'énerve, je ressens cela comme du racket, depuis le temps que cela dure ! Pas moyen de refuser, je lui donne sa petite taxe d'habitation bien à elle. En sortant, elle tombe sur mon frère. Il passe devant elle, et lui lance en ricanant :

– Bonjour ! Ah ! tu étais chez ce pédé ?

À ces mots, mon sang ne fait qu'un tour. Payer la taxe d'habitation maternelle, passe encore, mais je n'en peux plus de payer aussi la taxe de pédé. Je me précipite dans la buanderie, attrape une massue et la brandit sur lui en sortant de la maison comme un fou.

– Oui, je suis pédé, et alors ? Et toi tu es quoi ? Tu m'as violé quand j'étais petit et tu oses encore m'appeler pédé.

Je lui assène un grand coup de massue sur la tête. Il tombe comme une planche. J'aurais pu l'assassiner, de rage, de frustration, de révolte tue pendant toutes ces années.

Khadija ne comprend rien :

– Quoi, qu'est-ce que t'as dit ? Violer ? Il a violé qui ce bandit ?

Je ne sais pas quel qualificatif donner à mon frère aujourd'hui. Définitivement honni pour moi, je ne le revois pas. Il mène sa vie de père de famille tranquille. Des grands frères qui se soulagent avec les plus petits dans le huis-clos familial, il y en a tellement ! Comment on appelle cela ? Misère sociale ? Misère sexuelle ? Ou plutôt l'Innommable. La société ferme les yeux, ne veut pas savoir. Le médecin qui m'a opéré aurait pu faire un signalement, il ne l'a pas fait. Mon silence obstiné lui a bien rendu service. Ce qui n'a pas de nom, n'existe pas. Rien que d'y penser les larmes me montent aux yeux.

Affreux, sales et méchants.

Les années quatre-vingts apportent leurs cortèges de malheurs dans la cité. La drogue met fin à l'esprit de fête. Les petits trafics destinés à survivre, sur fond de toile d'économie souterraine, prennent de l'ampleur à l'ère de la surconsommation, de la publicité à outrance, et du dogme suprême de l'image. De lourds trafics de droit commun, allant jusqu'aux meurtres de jeunes dealers, engluent les familles des cités dans une spirale infernale. Les règlements de compte s'enchaînent. Il est difficile d'y échapper. Mères-courage désespérées, les femmes se battent pour retenir leurs enfants. Elles traquent les caches de drogue dans les chambres, les caves, les locaux à poubelle. Les caches se déplacent d'appartement en appartement comme des feux follets, jusqu'à trouver des *mères nourricières*, femmes complices attirées par les sirènes de l'argent facile.

Khadija est dépassée. C'est la débandade à la maison. Ma sœur Jeda, une belle fille nerveuse, intelligente, sombre dans la toxicomanie. Élevée à la garçonne par ma mère, mince comme une liane, permis moto en poche, elle est indépendante et rebelle. Un kamikaze dans l'âme. De vols à l'arrachée en cambriolages successifs, ses besoins en argent suivent la courbe croissante de son manque en héroïne. L'addiction rapide, fatale, va la conduire en prison. À huit heures un matin, nous entendons une camionnette se garer juste devant notre cage d'escalier. Ali est parti travailler depuis deux heures déjà, il ne saura rien, comme d'habitude. Khadija se penche aussitôt au balcon. En bas, une Citroën volée, est remplie de grands cadres posés à l'envers. Jeda accompagnée de son copain lui fait des signes incompréhensibles, visiblement sous l'effet de la drogue. Ma mère comprend aussitôt qu'il va y avoir des problèmes si toute la cité la voit dans cet état. Elle avait souvent réclamé ses couvertures grises de déménagement à Monsieur Garrigue. Elle en avait gardé plusieurs, bien pliées dans un placard. Elle en lance rapidement deux ou trois par le balcon, indiquant à Jeda, de façon gestuelle, de couvrir le contenu de la camionnette et de partir. Mais les deux jeunes remontent à la maison, des tableaux tous formats sous le bras, surtout des orientalistes. Ils ont dévalisé une belle propriété dans l'arrière-pays. Affolée, Khadija secoue sa fille :

– Pourquoi t'as fait ça, t'es folle ?
– J'ai trouvé un client. C'est une commande. T'as un café Khadija ? lui répond Jeda, le visage déformé par la drogue.
– Vite, Bouchta, regarde, ta sœur, elle a mis ses empreintes sur les tableaux. Va chercher un pied de biche. Dépêche-toi !

Je m'exécute. Khadija monte de tout son poids sur un tableau et massacre les petits cadres pour en détacher les toiles. Elle les roule comme elle a vu faire dans les films. Les toiles maltraitées craquellent immédiatement. Un vrai massacre.

– Non, pas comme ça ! on va les mettre sous le lit de ton père, se ravise ma mère.

Toujours dans l'affolement, elle rassemble les bois cassés dans une couverture de déménagement et m'ordonne d'aller les brûler au loin dans la colline. Le fardeau sur mon dos, je me dirige vers le local technique où chacun met son débarras. Une fois par an, l'office des hlm envoie une benne qui emmène le tout. Pas de tri sélectif pour l'occasion, tout part en vrac.

Vaseuse, tenant à peine debout, Jeda laisse faire sa mère. Les tableaux orientalistes disparaissent sous le lit de nos parents. Khadija regarde incrédule les grandes toiles avant de les glisser sous le matelas.

– Pourquoi t'as volé des arabes allongés ? Qui va s'intéresser à des arabes ? Fallait prendre des princesses, des Françaises en belles robes longues. T'es partie voler chez des Français, tu reviens avec des arabes. Parce que t'es droguée, ma fille ! Si t'étais pas droguée, t'aurais volé des princesses.

Deux jours plus tard, le commanditaire arrive. C'est un antiquaire de la ville. Il entre dans la maison. Khadija qui ne ferme d'ordinaire jamais sa porte, verrouille vite derrière elle à double tour. Elle le dévisage d'un air mauvais qui n'augure rien de bon.

– C'est toi qu'as envoyé ma fille voler ? Viens là !
– Ils sont où les tableaux ?
– Attends !

Elle revient avec les rouleaux.

– Et les grands ? Il déplie les rouleaux, atterré par ce qu'il découvre.
– Vous m'avez tout bousillé ?! qu'est-ce que je vais en faire ?
– Ils font comme ça dans les films ! Où j'les mettais, hein ? Les petits, j'les ai roulés, les grands sous le matelas !
– Mais vous avez dormi dessus !!! ? vous avez tout massacré ! L'antiquaire s'énerve, se met à crier et devient menaçant.
– Tu cries ? T'envoies ma fille droguée et encore tu cries sous mon toit ? J'appelle la police… mon fils, il lave la voiture du commissaire. T'as profité d'une droguée, c'est honteux.

Tu poses les sous sur la table, dépêche-toi ou j'te dénonce à la police.

Il pose dix mille francs, une somme énorme à cette époque, sans discuter davantage, prend deux ou trois tableaux et abandonne le reste en piteux état dans la salle à manger.

Quelques années plus tard, peu après mon divorce, la police prend Jeda en filature et l'arrête, pour vol de cartes bleues à l'arraché et stockage de drogue. À sept heures du matin, on frappe à ma porte. J'aperçois ma sœur tête baissée, menottée. Les policiers me demandent de lui préparer un sandwich, ils l'emmènent en comparution immédiate. Je lui prépare un camembert boulanger, avec du thon et des tomates, comme ma mère le faisait quand nous participions, petits, aux sorties de l'école. Je lui en fais deux, par précaution, je ne sais pas combien de temps va prendre son jugement. Je suis triste de ce qui lui arrive, manger quelque chose de bon, préparé à la maison, ça fait du bien quand on est dans une galère.

– Il y a les deux petits à la gendarmerie, venez les chercher, ajoutent les deux policiers.

Khadija est en Algérie. Je récupère les petits avec ma voiture. Je garde Lily chez moi quelques jours en attendant que ma mère prenne la relève. J'appelle la belle-mère corse de Jeda. Elle est ravie d'accueillir son petit Jonathan. Il reçoit une bonne éducation, et pourtant il ne manquera pas de faire les quatre cents coups à son tour. Le jugement de Jeda tombe : trois ans de prison ferme. À la grande surprise de tous, Khadija est rassurée. Elle avait tellement peur du téléphone, de l'overdose, de la morgue. Au moins, nous dit-elle, je sais où elle dort maintenant. Ma mère assume, droite dans ses bottes. Dans la cité que nous avons pourtant quittée depuis un moment, les méchantes langues se déchaînent. À sa sortie de prison, j'héberge un temps Jeda avec sa fille. Elle enchaîne une succession de petits boulots, finit par décider de partir à Monaco où elle réussit sa réinsertion sociale.

C'est drôle, j'ai toujours pensé que notre famille est marquée par un destin «affreux, sale et méchant», mais en tirant vers le haut. Sans doute, avons-nous intégré l'héritage de Khadija, ne pas baisser les bras, ne rien lâcher. Surtout tenir debout.

À son tour, Mina, l'une de mes autres sœurs devient délinquante sous l'effet de la drogue. Elle est également condamnée à trois années de prison ferme. Elle est beaucoup plus dure, plus masculine que Jeda. Elle n'a peur de rien, cogne comme les hommes, ses années de prison l'endurcissent davantage encore. Un soir, à peine sortie de prison, elle passe chez moi me demander un peu d'argent. Elle envisage d'aller vendre une savonnette dans un concert à Nice. Je lui donne le peu que j'ai sur moi. Elle prend la route aussitôt, en se postant sous le pont près de chez moi pour faire du stop. Son destin est au rendez-vous.

Une grosse BMW 725 s'arrête sous le pont. À l'intérieur, un jeune Suisse Allemand de vingt-neuf ans lui fait signe de monter. Mina est frappée par sa ressemblance avec Giscard d'Estaing. Trader dans une grande banque suisse, il appartient à une famille prospère, installée à Monaco depuis le début du vingtième siècle. Ma sœur lui raconte sa vie, sans rien masquer, la misère, la drogue, la prison. Il l'écoute attentivement. Arrivés à Nice, il lui propose de poursuivre la route ensemble jusqu'à Monaco. Il l'invite dans sa propriété pour se changer les idées. Une grande maison zen, contemporaine, presque vide, comme Mina en rêve. Une semaine après, elle revient me chercher à Marseille avec la voiture de son hôte. La beauté de la maison m'éblouit. Ma sœur est magnifique, racée comme un cheval sauvage, il tombe amoureux d'elle. Mais il n'est pas beau ! Peu importe, il est attentif, bienveillant avec elle, avec nous, il lui donne la chance de sa vie. Elle la prend.

– Si tu veux, je change ton nom, j'efface le passé, je change complètement ta vie.

Aussitôt dit, aussitôt fait. Il prend deux billets pour Las Vegas, où le couple, pour le moins improbable, se marie en faisant la fête dans les casinos, les grands hôtels et les meilleurs restaurants. Mina revient à Monaco sous son nom de femme mariée, la police relâche sa surveillance. Elle respire. Il l'emmène vivre à Lausanne, dans une autre grande et belle demeure. Elle vit un conte de fée, nous fait des cadeaux à la moindre occasion, organise la fête de Noël chez eux. Khadija parade, sa fille a réussi, les mauvaises langues n'ont plus qu'à se taire. Cependant, des tensions naissent rapidement au sein du couple. Mina ne se défait pas de son passé aussi facilement. La violence enkystée en elle depuis sa petite enfance remonte à la surface à son insu. Elle insulte souvent son mari, pique des colères spectaculaires. Il pardonne, l'encourage à reprendre des études. Elle possède un talent certain pour la cuisine. Il l'inscrit à l'école hôtelière de Lausanne. Malheur! le professeur est très beau! ils deviennent amants, elle sèche les cours, s'adonne à la cocaïne avec lui, cette drogue de riches qui ne vaut pas mieux que l'héroïne dans le fond. Son mari reprend les choses en main. Il organise leur déménagement en Allemagne, dans un lieu paradisiaque. Rien n'y fait, il perd Mina. La misère lui procurait de l'adrénaline, justement parce qu'elle ne voulait pas la subir. La richesse tombée du ciel, sans aucun effort de sa part, sans motivation à se battre, à gagner par elle-même, la déprime peu à peu. Mina s'ennuie, elle devient suicidaire. Ils divorcent. Elle retourne vivre à Nice, reprend des études d'anglais par correspondance, devient cuisinière sur un yacht, gagne sa vie et retrouve son équilibre. Les chemins sont souvent tortueux pour celui qui est balloté, mais l'important n'est-il pas de se trouver un jour?

Ministre de l'intérieur et de l'extérieur tout à la fois, Khadija se bat sur tous les fronts. Sa tribu lui mène la vie dure mais c'est une meneuse. Voyant toutes ces femmes malheureuses autour d'elle, elle se sent obligée de tenir debout. Elle oscille toute sa vie entre deux cultures, fière d'avoir mis au monde douze petits Français. Ma mère, c'est la France, mon père l'Algérie. Notre enfance se déroule entre ces deux pôles quelque peu contradictoires. La télévision aide à se construire des repères soi-même.

Une fin d'après-midi, je regarde un documentaire sur l'héritage en France, curieux de découvrir ses lois, la tradition, les difficultés. Je m'étonne auprès d'Ali, mon père, de notre absence d'héritage. La maison qu'ils ont construite en Algérie n'est pas vraiment un patrimoine. Nous vivons en France pas là-bas. Il est le premier à le répéter dans ses incessantes disputes avec Khadija. Ali répond tranquillement :

– Tu veux un héritage ? Pour quoi faire ? Le seul héritage que je t'ai donné, mon fils, c'est que toi, tu n'as pas besoin de traverser la mer pour supplier qu'on te donne la carte de séjour. Il y a des milliers de gens qui veulent rentrer en France, qui se noient dans la méditerranée avec leurs enfants, alors reste tranquille, va, tu l'as eu ton héritage.

Dès le début des années soixante-dix, Khadija commence à construire une maison au bled, au grand damne de mon père qui ne comprend pas cette obsession. C'est l'objet d'une dispute récurrente entre eux.

– Aaah ! corruption ! corruption ! s'écrie Ali. Là-bas, tu portes dix sacs de ciment, t'en retrouves que quatre. Laisse tomber. Tu te feras toujours voler.
– Rien à faire ! rétorque Khadija. Trente ans de bidonville et de hlm ! qu'est-ce qu'on a à nous ? Rien ! On construit au bled. Point barre, comme elle dit la voisine.

Aucun d'entre nous ne comprend cette folie. C'est du gâchis. Bien sûr, l'Algérie est magnifique, mais ce ne sont pas nos parents qui construisent le pays, cette idée folle relève de leur imaginaire et tourne à la névrose. Nous, nous savons que nous n'irons pas vivre là-bas, nous sommes français. Mais, elle me fait de la peine, nul ne peut lui reprocher de ne pas avoir agi, aussi malheureux ses choix ont-ils été. Elle a voulu marier ses filles avec des Algériens, en se disant qu'il y en aurait bien une qui suivrait la tradition, qui resterait à ses côtés à l'heure de la vieillesse. Son échec la mine. Elle a voulu construire sa maison, une grande et belle maison au bled, symbole de sa réussite en France. Trente ans de construction, trente ans de bagages, de sacs bleus blancs rouges qu'il lui faut farcir comme on farcit une dinde, à l'aller comme au retour. Sa santé le paie. Le sort des femmes est redoutable. Élevées dans le bidonville, elle et ses sœurs ont été sacrifiées au profit des deux frères, la fierté du grand-père. Il a réussi à leur faire faire des études à Aix-en-Provence avec l'aide de la Cimade. L'un est homme d'affaire, l'autre psychiatre. Ils ont été moniteurs dans les camps de vacances de la Cimade en Suisse, en échange de l'aide financière qu'elle leur apportait pour leurs études. Ils y ont rencontré leurs épouses. Ils sont charmants tous les deux, mènent leur vie au loin sans avoir pour autant rompu totalement les liens avec nous. La mise à distance de cet univers *affreux sale et méchant* est sans doute la seule façon de s'en sortir vraiment. Leurs sœurs, elles, n'ont connu que la misère. Cette misère qui t'oblige à te débattre en croyant te battre, à te débrouiller avec le peu que la vie te donne, à faire preuve de ruse plus que d'intelligence.

Khadija prend la vie comme elle vient, sans jamais rien lâcher de ce qui est important pour elle. Meneuse de femmes dans la cité, elle se livre à de petits trafics par la force des choses. Son cerveau soliloque dans des brainstormings silencieux. Comment pourrait-elle avoir bonne conscience, et construire en Algérie sans utiliser la totalité des allocations familiales qui nous sont destinées ? Elle trafique pour lever de l'argent comme on lève le pain avec la levure. Sa camionnette au pied des immeubles lui permet de s'en sortir. Des petits trafiquants en tout genre déposent une marchandise diverse et variée, Khadija ne pose pas de questions. Elle vend et récupère une marge confortable au passage. Il lui arrive d'acheter elle-même le lot entier et de le revendre en Algérie. Mon frère commence à dévaliser les petits casinos, tout est vendu. Lorsqu'il apporte une soixantaine de bouteilles de whisky, Khadija en vend la moitié et garde l'autre pour elle-même, afin de les donner aux douaniers ou au maire du village. D'autres fois, il cambriole une vidéothèque. Il ramène des cassettes pornographiques, Khadija les appelle des films de combinaison. Personne n'en veut dans la cité.

– Hummm ! combinaison ? Y a pas les films normals ?
– Ah ! non, j'ai déjà tout vendu. Tourne les images à l'envers, va. Ne regarde pas.
– C'est pas grave, on va faire plaisir à des *di-ouaniers*.

Elle les offre aux douaniers dès qu'elle arrive à Oran. Trop heureux, ils lui laissent passer ses pièces de moteur sans payer les taxes. Tous ces petits trafics lui permettent de pouvoir partir, d'éviter les accrochages avec mon père qui lui fait une guerre sans relâche, « tu vas laisser tes enfants crever de faim, pourquoi tu vas construire là-bas ? ». Elle part immanquablement. Le soir il l'appelle : « allo !? tu es di-vor-cée ! ». Quand on prononce la sentence trois fois en Algérie, le divorce est effectif, lui le répète tous les soirs. Khadija n'en fait qu'à sa tête.

Juste après mon mariage, elle prend un chauffeur en Algérie, qui la transporte partout. Il faut obtenir les autorisations pour construire la maison comme elle l'entend, aller discuter avec les autorités, aller voir les fournisseurs, négocier. Vingt ans de moins qu'elle, solide, travailleur, il est en admiration devant elle, exécute le moindre de ses désirs pour le plus grand plaisir de Khadija. Mon père est à la retraite depuis peu. Avec le temps, il ne boit plus, est devenu calme et aspire plus que jamais à la tranquillité qu'apporte la vieillesse. Il se doute bien qu'elle a un amant en Algérie. À l'un de ses retours, à peine déposés au sol ses lourds sacs Mitterrand gonflés comme des baudruches, il entreprend de parler avec elle. Le dialogue n'a jamais été leur mode de communication, mais cette fois-ci la situation est grave, il faut parler.

– Écoute, je te pardonne, il se moque de toi, tu es vieille, il est jeune. Vingt ans de moins que toi ! il a l'âge de ton fils. Alors reste tranquille ici. Tu es gentille, tu as bon cœur…
– Non, non, non, Ali, c'est trop tard. Tu m'as donné des coups quand j'avais mon premier petit dans le ventre. Il était mort à la naissance, j'ai juré de me venger un jour. Je t'ai pas choisi. On a eu des drogués ? c'est à cause de moi ! Un pédé ? c'est encore à cause de moi ! Maintenant ça suffit. Allez, c'est bon ! C'est fini.

Khadija est déterminée, elle ne veut plus rien savoir. Elle demande le divorce. Une guerre sanglante commence entre eux. Les filles prennent le parti de leur mère, les garçons de leur père. Les filles défendent la liberté des femmes, les garçons la tradition maghrébine. Chacun s'en mêle, donne son avis, déforme les propos de l'un et de l'autre. La zizanie fait éclater la famille, plus encore que les mariages forcés et les coups n'ont pu le faire.

Ali affûte ses armes. Il se rend au bled, et dénonce cet escroc de chauffeur à la police. Il connaît bien les policiers du village. Un matin, au lever du soleil, ils font irruption dans la maison de Khadija, les trouvent tous les deux au lit. L'un des policiers brandit le code de la famille qui condamne sévèrement l'adultère. Khadija le défie avec insolence. Elle plante ses yeux noirs dans les siens, prend son air de grande tragédienne :

– Mais, monsieur le policier, je suis mariée avec lui !
– Comment ça ?
– Mais oui, j'ai pris l'imam là-bas… il nous a mariés ! Je suis mariée devant Dieu, monsieur. Va te faire voir, toi et ta justice.
– Oui, ben, pour la justice, ton mari c'est l'autre, le premier. Allez ! on t'embarque dans le camion, direction la prison à Bel Abbes. Tu vas te prendre un an prison, on va voir si ton gigolo va t'attendre !

Ali a marqué une première manche. Il est fier d'avoir eu le bras long au pays. Ma mère croupit en prison. Elle réussit à faire contacter son frère psychiatre, qui, lui, a le bras bien plus long que celui de son mari. Au bout de deux mois, il parvient à la faire sortir de sa geôle. La violence remonte chez Ali du plus profond de son être. Furieux, hirsute, il tente de l'écraser à sa sortie de prison en défonçant le portail de sa maison avec un énorme pickup. Elle est hospitalisée. La guerre au sein des couples est sans doute la plus violente de toutes. Sans répit, à armes inégales, elle fait fi du code de l'honneur dans tous les pays du monde, dans toutes les couches sociales. Il pleure beaucoup. Cette maison, même s'il l'avait contestée, ils l'ont construite tous les deux quand même. Il aime Khadija. Lui qui n'avait jamais su le lui dire, ne cesse de le répéter maintenant. Les années noires déchirent l'Algérie, les délations vont bon train. Khadija file au tribunal à sa sortie de l'hôpital et dénonce son mari. Il finance les terroristes, c'est pour ça qu'il revient en Algérie. Ses propos vomissent la haine et la vengeance. Le juge n'est pas dupe, il se met en colère : « s'il vous plaît ! arrêtez de mentir ! Sortez d'ici madame ! »

Le divorce est prononcé au bout de longs mois. Le calme revient, les relations familiales reprennent leur cours normal. Ali se résout à vivre seul dans la grande maison de l'OPAC, au fond de la cour. Lorsque ma famille a emménagé fièrement cité La Rose, il avait accroché au mur trois tableaux pour seul décor. Deux sourates étaient soigneusement placées autour d'un portrait de Boumediene. Lors du déménagement à Saint-Gabriel, ce portrait a disparu. Ali l'a remplacé par celui de Coluche.

Depuis ma petite maison, à l'entrée de la cour, je veille sur mon père. Les voisins me portent qui un morceau de lapin, qui un gigot d'agneau pour fêter l'aïd. Tout le monde se préoccupe des vieux dans ma rue. J'aime cuisiner à la mode provençale, ou la cuisine du Maghreb, ou encore la cuisine du monde. Ma cuisine sent le romarin, le thym, la menthe et le curcuma selon les heures de la journée. Seul ou pas à la maison, je prépare mes repas chaque jour, je les partage avec les plus déshérités que moi, les jeunes surtout, sans travail, sans avenir devant eux. Il m'arrive de faire mijoter un mouloukhia, douze heures durant à petit feu. C'est une recette d'autrefois, magique, à base de feuilles d'épinard concassées en farine. Un morceau de pastèque après le mouloukhria et tu ne peux plus te passer du plaisir naturel. Je le fais goûter aux jeunes paumés du quartier, afin de leur faire comprendre par la dégustation combien le plaisir des choses simples est supérieur à celui de la drogue.

La mixité sociale n'est pas un concept, c'est une réalité dans les quartiers populaires de Marseille. Oh! bien sûr, elle ne concerne peut-être pas les privilégiés – encore que!? –, ceux qui vivent dans leurs ghettos de riches du côté du Prado. Les médias ont tort de faire sans arrêt des focus sur Marseille, ses gangs, ses mafieux, ses musulmans. Marseille, ma ville, tu es une grouillante de vie, de solidarités et de bien vivre. Toi, la passante sans souci, tu peux baguenauder dans les rues où se sont installées les boutiques arabes, personne ne t'agressera, personne ne t'obligera à traverser la rue voilée, en jupe longue, comme dans les quartiers d'autres villes en France. En tous cas, jusqu'à aujourd'hui. Il est vrai qu'en temps de guerre contre Daesh, mieux vaut être prudent. Marseille reste une ville ouverte sur la Méditerranée, accueillante et tolérante. C'est un beau fruit gorgé de soleil, oui, mais voilà les beaux fruits attirent les vers qui viennent s'y nourrir.

Certes, les cités sont une réalité très préoccupante. Mais, elles n'ont pas poussé comme des champignons dans les sous-bois! L'architecture urbaine est pensée par des technocrates qui ignorent la misère. Le fléau de l'ignorance, celle des gens instruits autant que celle des autres, préside à ceux de la drogue, du vol, et de la radicalisation galopante. L'arbre cache la forêt.

Les femmes sont nos sœurs de misère dans ces grands ensembles abandonnés de la République. Il faudrait démolir ces bâtiments vétustes, au lieu de les ravaler tous les dix-ans, pour donner une respiration aux femmes et aux jeunes. Dans les années soixante-dix, ils ont représenté un progrès, éliminant peu à peu les bidonvilles qui faisaient honte à la France. Aujourd'hui les cités sont devenues des concentrés de misère où la débrouille a perdu son sens de survie, elle n'a plus d'autre loi que celle du plus fort.

J'ai rencontré Zhora devant ma porte. Assis sur ma chaise de cuisine sur le seuil de la maison, je me rafraîchissais d'une bière, tranquillement. La rue est un spectacle dont je ne me lasse pas. Elle sortait du bar, trois ou quatre rues plus loin, où elle venait de revendre son larcin de la veille. Elle est chef de bande.

Nous discutons de choses anodines, ces petits repères qui en disent long sur la case où l'autre va pouvoir te ranger. D'où sont tes parents. Tu fais quoi ? Tu vis où ? Tu es homo ? Ah ! ça ne m'étonne pas, j'aime bien les homos. Elle repasse quelquefois dans ma rue, tape à la fenêtre de ma cuisine, boit un café ou un thé et nous bavardons. Les homosexuels sont les meilleurs confidents des filles, ils les écoutent sans arrière-pensée. Elles peuvent leur faire confiance. Zhora vient d'une cité microbe, l'arrière-cour de Marseille pour l'approvisionnement de la drogue en provenance de l'Espagne. Elle est chef de bande.

Vers dix-huit heures, une fin d'après-midi étouffante, je la vois passer en voiture. Elle ralentit devant ma porte et klaxonne pour me faire un coucou de la main. Je lui propose de s'arrêter cinq minutes. Elle ne peut pas, elle est pressée. Ce faisant, elle arrête quand même sa voiture au milieu de la rue, en sort pour bavarder deux minutes.

– J'peux pas traîner, j'suis pressée. Regarde ce que j'ai dans mon coffre. Elle entrouvre légèrement le capo arrière, se met devant pour éviter les curieux. J'aperçois sa cargaison de high-tech.
– Tout ça ? T'es folle ?
– Comment tu crois que j'ai acheté une maison à mes vieux ? Fallait bien les sortir de cette cité pourrie !

Les chefs de bande sont pressés comme les PDG. Elle redémarre en trombe. Étonnante Zhora. Petite, masculine, la trentaine, c'est une meneuse d'une intelligence exceptionnelle. Elle me chuchote à l'oreille comme elle m'insulte, selon son humeur. Depuis des années, elle assure tout à la maison. Inutile de dire que son père boit, que les coups pleuvent sans prévenir, que le décrochage scolaire des nombreux enfants a été précoce. Sa mère est totalement effacée, écrasée par la misère des jours qui se suivent sans jamais rien changer à sa vie. Zhora est tout à la fois, le papa, la maman. Elle assure comme elle peut. Son père l'adore. Il lui apporte des chocolats depuis sa petite enfance, au point qu'elle fait une addiction au chocolat. Elle a commencé par voler dans les supermarchés, une, deux, trois tablettes de chocolat, puis du fromage pour sa famille, et tout ce qui s'ensuit. Adolescente, elle grossit énormément. Son joli visage s'enfonce dans une burqa de graisse. Son obésité est une sorte de gilet pare-balle contre les agressions verbales sexistes des garçons regroupés dans les cages d'escalier ou sur les parkings. Mais comment aborder les beaux gosses de la cité, sans risquer les divers quolibets dont ils affublent les grosses ? Zhora trouve une stratégie infaillible. Au fur et à mesure de ses vols à l'étalage, de ses deals, elle leur propose ses produits. Les petits caïds ont l'habitude de s'approvisionner eux-mêmes, mais Zhora leur fait de bons prix, et eux, aiment avoir plus, mieux et moins cher. Et puis, une fille qui négocie aussi bien, ça les amuse. Petit à petit, elle se fait accepter dans le noyau dur des petits voyous. Ils ont vu trop de films de Scorcèse, imitent le Parrain, assis autour d'une table ronde, sur des chaises en plastique, jeu de cartes en main. Ils sont bien coiffés, sentent bon, possèdent le dernier portable mis en vente, cambriolé, et parlent de leurs putes à qui mieux mieux. Zhora les méprise dans le fond. Elle trace sa route.

Afin de voler à l'étalage, les rouges à lèvres, les cosmétiques, les fringues et de quoi manger, sans risquer de se faire prendre, elle emmène avec elle d'autres filles de la cité. De pauvres filles, soumises aux hommes, cherchant à subvenir aux besoins des petits à la maison tant bien que mal, mal nourries elles-mêmes, grosses à force de manger cette infâme nourriture industrielle qui empoisonne tout le monde à petit feu. Des suiveuses dans l'âme, mais des guerrières dans le fond. Ce sont les femmes qui tiennent le bateau à flot dans les quartiers, sinon, il coule. Zhora les prend en main et constitue un gang de femmes, qui surpasse en intelligence les gangs de mafieux. Son gang fonctionne comme une petite armée obéissante, et efficace. Il ne s'est jamais fait arrêter. L'une d'elle seulement a été prise en flagrant délit de vol de cosmétique et a pris deux mois de prison. Il faut dire que Zhora est un leader hors pair, elle sait utiliser le système, contrecarrer les technologies de sécurité qui évoluent très vite.

L'argent rentre. Beaucoup d'argent. Zhora se fait soigner pour son obésité, le chirurgien lui propose un anneau gastrique. Elle encourage certaines femmes de son gang à en faire autant. Elle devient méconnaissable. Bien moulée dans sa robe, gros derrière gainé à en couper le souffle, les seins haut montés, bien maquillée. Grande séductrice, Zhora se venge des hommes, ces pervers qui lui disaient, c'est dommage, tu es belle, mais tellement grosse, j'peux pas.

Elle gère son gang de façon stratégique, à partir de son téléphone portable. Les grosses sont envoyées en poste devant les caméras, leur corpulence lui sert de paravent. Elles semblent hésiter sur un produit ou un autre, en prennent un, le repose. Aussitôt, là-haut, au poste de surveillance, la sécurité se concentre sur ces femmes. Pendant ce temps-là, Zhora, toute petite, agile, file en douce dans le rayon ciblé en adoptant sa posture de cueilleur-chasseur de la Préhistoire. Elle envoie plutôt la jolie française, devenue bombasse depuis le miracle de l'anneau gastrique, chez le clandestin qui travaille au noir en tant que vigile. Les statistiques de Zhora sont infaillibles. Ils sont nombreux dans son cas. Il rêve d'une Française qui accepterait un mariage blanc. Il aurait enfin sa carte de séjour ! La fille discute, séduit, lui donne un rendez-vous en ville pour prendre un verre. Là, elle obtiendra l'un de ces fameux aimants puissants qui permettent de désactiver les alarmes sur les produits. Lui, la laissera passer, en contrepartie Zhora lui remettra la moitié du larcin, qu'il ira revendre de son côté.

Les alarmes dernier cris compliquent un peu la vie du gang. Un rayon laser passe dans des rails qui quadrillent l'hypermaché. Difficile de le localiser. On pourrait penser qu'il circule de façon aléatoire, mais non, Zhora a compris que le poste de surveillance a les commandes en main. Il lui faut sophistiquer davantage sa stratégie. Elle invente alors une chorégraphie invisible qui mobilise son gang. Elle envoie une complice au rayon maquillage, rayon critique par excellence. Elle sait que le rayon laser va se déplacer immédiatement à cet endroit. Une autre fille se dirige vers le rayon hi-fi. Le rayon zigzague aussitôt entre ces deux points sensibles. Armée d'un crochet dans la poche et d'un aimant très puissant au niveau de son soutien-gorge, elle glisse comme un chat de gouttière au rayon high-tech. Lestement, elle se penche vers une boîte qui se colle à son aimant, le crochet la fait descendre dans son panier, dans un numéro de prestidigitateur impeccable. Personne ne voit qu'elle pose négligemment son sac parterre dans le rayon d'alimentation pour chat. Elle téléphone à une complice, qui passe l'air de rien, ramasse le sac comme si elle se trompait de cabas.

Changement de paniers, messages, ruses... Quand la caméra tourne, elle déplace un produit high-tech à la mode, d'un prix très élevé, le déplace à nouveau, à nouveau encore, jusqu'à ce qu'elle arrive dans une zone hors danger. Encore faut-il désamorcer l'anti-vol avant de passer à la caisse ! Au rayon de l'électro-ménager, une femme bien en chair ouvre les frigos un à un. Elle semble hésiter, passe et repasse devant un grand modèle, ouvre la porte, sort une clayette qu'elle pose machinalement à côté de l'appareil. Coup de fil de Zhora. T'es prête ? La fille acquiesce. Zhora apparaît, sa complice ouvre la porte, se met en travers utilisant sa corpulence comme un paravent. Zhora entre dans le frigo, pliée en deux. L'autre se poste devant, regardant attentivement le déplacement du rayon laser, fait semblant de chercher un kleenex quand il passe dans son rayon, se mouche.

À l'intérieur, Zhora sait qu'il faut faire vite avant que le rayon ne repasse. De ses mains puissantes, elle tire d'un coup sec. L'antivol cède.

Zhora ne travaille que sur commande. Une fois, une européenne chic, lui passe commande pour du Zara et du Mango. Elles font cinquante-cinquante. Mais la cliente la roule en revendant tout sur le Bon Coin à soixante-dix pour cent du prix d'origine. Tout le monde profite du trafic de Zhora, les femmes misérables comme celles qui n'ont pas de problèmes de fins de mois. L'intelligence logistique de cette femme est impressionnante. Quel gâchis pour la société ! Elle n'a pas fait d'étude, c'est vrai, mais si un jour, on devait l'envoyer en prison, où elle ne ferait que former d'autres Zhora, on devrait la placer plutôt à un haut poste de logistique, dans une grande société. Elle, et toutes ces femmes intelligentes, dégourdies, abandonnées de tous, feraient prospérer l'économie saine plutôt que cette économie parallèle dont on ne mesure pas les multiples tentacules. Elles y gagneraient l'estime de soi, et feraient rêver leurs enfants.

Comme partout sur le vaste marché ouvert de la mondialisation, une grosse industrie parallèle se développe, partout où la société de consommation attise les désirs sans limite. La fashionista addiction suscite le vol dans toutes les couches de la société. Déjà, lorsque j'étais tout jeune, la mode attisait les envies. Ma mère restait parfois couchée, malade, le matin quand on partait à l'école. Mes frères et sœurs réclamaient des sous pour le bus et la cantine. Elle rouspétait. Je préférais ne rien lui demander. Je volais des rouges à lèvres à l'étalage et les revendais dans la cité, particulièrement aux européennes. On appelait cela la débrouille ! D'autres l'appellent un vice qu'ils attribuent volontiers aux Maghrébins. Mais les vices s'acquièrent plus qu'ils ne sont innés. C'était avant toute chose de la débrouille, une tentative de survie. Fallait bien manger, habiller les enfants, payer le loyer, payer la cantine, les taxes. Surtout, être comme les autres. Les cartels internationaux de la drogue ont pourri les cités, comme l'opium des Anglais a anesthésié la population chinoise et fait tomber le dernier empire. C'est une autre histoire.

Une veille de Noël, je n'ai pas un sou sur moi. À Noël, c'est très déprimant. J'ai idée de voler des cassettes vidéo de Walt Disney chez Casino. J'achète de grosses boîtes de sel Rubson, jette le sel dans un rayon, et les remplis de cassettes. Je ne suis pas Zhora, mon stratagème échoue, je ne sais pas que ces grands rails au-dessus de ma tête font circuler un rayon laser. Le vigile m'attend à la caisse. Pris en flagrant délit. Un responsable me demande de payer le prix des cassettes. Je ne peux pas, il appelle la police, c'est le règlement. Je suis présenté en comparution immédiate au tribunal après être passé par la case commissariat. Je ne suis pas le seul, le tribunal est comble ce jour-là. Dans une geôle des sous-sols du Palais de justice, j'attends mon tour. Les murs sont couverts d'insanités pour la France, cela me donne envie de vomir. L'enfer. Je passe enfin devant le tribunal :

— Vous savez que vous rentrez aux Baumettes ce soir ? Vous avez pris pour 4 000 francs, ils ont porté plainte, Casino, faut assumer ! Qu'est-ce que vous en faites de toutes ces cassettes ?
— Ah ! ben, c'est pour Noël, elles sont cher. Je faisais le père Noël mais moins cher ! Qu'est-ce que je pouvais faire d'autre ? Arracher des sacs ?
— Vous reconnaissez avoir volé pour 4 000 Francs de cassettes vidéo chez Casino ?
— Oui
— Et aussi le vol en réunion ?
— Ah ! non, monsieur, j'ai volé à Casino mais je suis jamais allé à la Réunion, je connais ni les Antilles, ni la Réunion.

La salle éclate de rire derrière moi. Le juge fait un effort pour garder son sérieux.

— Très bien, ce soir vous dormez aux Baumettes
— S'il vous plaît, monsieur, donnez-moi une chance, la prison elle est pas faite pour nous.

Il a compris que je suis homosexuel. Il l'est sans doute aussi à la façon dont il relève son écharpe avant de me répondre :

– Bon, c'est Noël, je vous donne une chance, mais ce sera la seule, que je ne vous revoie pas ici.

La misère n'est pas une fatalité avec laquelle tout le monde s'arrange finalement. Quatre-vingts pour cent de la population mondiale vit sous le seuil de pauvreté. Parmi les vingt autres pour cent, beaucoup luttent pour éradiquer ce fléau. On ne parle pas beaucoup d'eux, c'est dommage. Les plus puissants s'en moquent, la misère n'est qu'un mot banal pour eux. Ils n'en connaissent pas les maux, comment peuvent-ils seulement donner un sens au vocable ? Il faut d'abord compter sur soi-même, se battre pour en sortir, ne pas baisser les bras. La société devrait mettre un point d'honneur à donner une chance à ceux qui veulent s'en sortir.

Ma famille est représentative de ce point de vue-là. Elle a su transformer son destin «affreux, sale et méchant» en le tirant vers la lumière. Si elle a pu compter dans son passé des drogué(e)s et des délinquant(e)s, tous ont su remonter de la descente aux enfers. Tous ont pu retrouver une place dans la société. Mieux encore, les filles font preuve de réussite. Les deux plus difficiles, qui ont tant fait passer de nuits blanches à Khadija, ont trouvé un équilibre. Tout va bien pour elles. Leila revient de loin avec son handicap, sa fuite hors de la famille, sa vie est un exemple de conquête de soi. Dévolue à un rôle de *mère générique* d'une famille nombreuse, comme il y a des médicaments génériques, elle est aujourd'hui une femme épanouie. Nouria mène sa vie indépendante, avec ses hauts et ses bas comme tout un chacun. Elle est dynamique et plutôt joyeuse, imperméable à la misère qui a été la nôtre. Elle et Ines sont sans doute les mieux intégrées de nous tous. Ines a fait des études de façon autodidacte, elle est devenue une brillante femme d'affaire. Intelligente et créative, elle mène la vie dure à ses concurrents. Ah ! Khadija, tu n'as pas toujours été à la hauteur, avec tes ruses pour nous marier, tes petits trafics pour nous faire vivre, ton rêve fou d'une propriété en Algérie qui n'est plus notre pays, mais tu as su nous donner la rage de vivre et le désir d'aller vers la lumière.

Le temps a passé, tout le monde a tenu le coup. Khadija s'est remariée à la mairie en Algérie. Nous la voyons moins souvent mais elle reste présente dans nos vies. Elle tente de faire venir son nouveau mari en France, mais n'obtient pas son visa. Ma mère n'aime pas que les choses lui résistent. Elle mobilise toute son énergie pour les faire céder, me harcèle au téléphone :

– J'arrive pas à lui faire le visa, j'en ai marre des allers-retours avec ces bagages, ça va me tuer !
– C'est normal qu'ils lui donnent pas le visa, c'est un poupon et toi une vieille !
– Et alors ? les hommes, ils prennent des jeunes et tout le monde dit rien, pourquoi je prendrais pas un jeune moi !? Et Khadija, la femme du prophète, c'était pas la première cougar ?
– Khadija, tais-toi, tu blasphèmes. Garde ton sens de l'humour, c'est comme ça qu'on t'aime.

Féministe maghrébine précoce, Khadija détourne la culture qu'elle a tant voulu protéger, au profit de sa modernité. Son rêve s'est effondré avec mon refus du mariage, j'étais sa dernière roue. Le mariage d'Ines un peu plus tard, n'y a rien changé, c'était trop tard. Sous les cendres de sa déception, son goût de la liberté palpite encore très fort.

Khadija n'a jamais prié autrement que dans son cœur. Elle s'y met maintenant en vieillissant. Une nuit, alors qu'elle est seule dans sa maison en construction au bled, elle a peur. Les terroristes ensanglantent le pays, aucune famille n'a voulu que l'un de ses jeunes dorme chez elle pour la protéger. Épuisée de fatigue pour avoir charrié elle-même des briques toute la journée, elle s'endort à même le sol. Dans la nuit, elle fait un rêve étrange. Elle est morte. Au moment même où l'on descend son corps en terre, le trou du caveau s'élargit. Dans un fondu-enchaîné très flou, il se transforme en une grande pièce carrée d'un blanc immaculé. Des flambeaux tremblotants illuminent la pièce. Elle est assise dans un coin, regarde autour d'elle. Un nombre incroyable de baluchons l'entoure. En regardant mieux, elle aperçoit des femmes qui attendent. Khadija les appelle :

– Eh ! C'est quoi ça ?
– C'est tes affaires !

Elle ouvre un baluchon et trouve en vrac toute la layette qu'elle avait donnée de son vivant.

– Mais c'est quoi ça ?
– Toutes les affaires de bébé que tu as données
– Ah ! oui... ça c'était à mon fils, je l'ai donné à Aïcha, oh lala... il y a longtemps... Oh ! lala, tout est là !
– Tout ce que tu as donné aux anges, tu le retrouveras !

Un bruissement léger attire l'attention des femmes. Le prophète Mahommet passe sur son cheval blanc. Toutes les femmes crient, « le prophète, le prophète... ». Khadija ne le reconnaît pas. À vrai dire, elle ne le connaît pas, elle ne priait pas sur Terre. Une femme lui explique d'une voix douce : « c'est Mahommet, le prophète, il faut que tu apprennes, ça suffit pas la layette ».

Depuis, Khadija a appris le Coran et fait ses prières. Elle affirme qu'elle peut mourir maintenant. Que Dieu la maintienne en vie très longtemps ! Lui n'a pas la notion du temps, seulement la notion du destin accompli.

L'homme de ma vie

Peu de temps après mon divorce, je rencontre Morad, grâce à Luis, un gitan que je connais depuis l'école. Après le CM2, où il apparaît clairement que je ne suis qu'un figurant malheureux, les enseignants m'orientent vers une école de formation au métier, nouveau à l'époque – en tout cas dans sa dénomination – d'employé technique des collectivités. Seules les filles font ce type de formation, mais l'Éducation nationale innove en y faisant entrer quatre garçons. Ce qu'elle ne sait pas, c'est qu'en dehors du black, les trois autres pionniers sont homosexuels. Luis et moi faisons partie de la première promotion. Pour la mise en pratique, l'administration nous envoie faire le ménage dans les hôpitaux, dans les maisons de retraite. Nous nous amusons bien avec les vieux. Ils attendent notre venue avec impatience, car, en vérité, nous nous occupons plus de les faire rire que de faire le ménage. La vie nous a tellement chavirés, nous n'avons pas encore compris qu'il faut apprendre un métier pour vivre. Fort heureusement, la directrice nous adore. À chaque fois qu'elle nous convoque dans son bureau avec l'intention de nous renvoyer de l'école, nous la faisons rire. Elle perd son air sévère, nous met à la porte de son bureau en nous rappelant simplement à l'ordre : «allez, allez, signez ce papier et ne recommencez plus ! c'est votre dernière chance. Et faites-moi un peu le ménage». Deux années durant, elle ne cesse de nous donner notre chance.

Quand Luis a su que j'avais été baptisé, il a voulu faire de même. Nous, les enfants de France, nous ne parlions pas de circoncision, mais de baptême. Ma mère elle-même s'exclamait «j'ai fait le baptême à mes enfants!» Mais les filles, elles, n'ont pas de baptême. Rien à couper, pas de baptême. Rien d'obligatoire pour les filles, on peut donner une fête en leur honneur au septième jour de leur naissance, si les parents le souhaitent. La seule chose absolument incontournable, c'est de les marier. Adoration du masculin. On lui fait la fête, on le baptise, il existe. Il est là. Les filles, on les marie, ou plutôt on les viole en faisant la fête.

C'est un juif du quartier qui m'a baptisé. Luis, adolescent, engage la démarche avec beaucoup de sérieux. Il revient de son baptême, de très mauvaise humeur: «moi aussi il me l'a coupée mais il m'a arnaqué. Il me l'a laissée entière, je vais faire un scandale!». Il retourne chez sa mère en pleurs:

— Les arabes, et les juifs c'est tous des voleurs, ils m'ont arnaqué!
— Qu'est-ce qu'il y a? Ils t'ont pas donné les sous, les bonbons et les gâteaux du baptême?
— Si, tout ça j'ai eu, mais ils m'ont pas tout coupé!
— Mais c'est normal, comment tu vas pisser, idiot?

Il pleure à chaudes larmes, son espoir de devenir une fille par le sacrement du baptême s'effondre. La castration de son désir le plus profond entame son élan vital. Il ne peut pas devenir une fille par la grâce de Dieu, il va devoir affronter les insultes, les coups et l'humiliation d'être homosexuel dans son milieu machiste.

Il est mort maintenant le pauvre, mort de sa frustration d'être homosexuel. Son père l'attachait, le frappait. Un jour de fête des mères, il achète un gros bouquet de fleurs pour sa mère, et rentre chez lui. Il se prépare comme pour une grande fête, car en toute occasion il place l'esthétique au-dessus de tout, et se met une balle dans le cœur. Il avait vingt-cinq ans. Mourir beau, mourir maquillé, paré de tous ses bijoux, des boucles aux oreilles, et assumer son homosexualité dans la mort. Il avait trop souffert. C'était un frère pour moi, son suicide m'affecte profondément.

Son trio de copains homosexuels se rend à la veillée mortuaire dans sa famille. En dehors de notre bande intimidée, il n'y a que des gitans prostrés devant le corps du défunt. Les hommes ne veulent pas laisser entrer des stroumpfs. Mais sa mère, la Maria, elle qui sait que son fils en était un, nous laisse approcher. Nous le trouvons allongé dans un cercueil, habillé d'un survêtement Lacoste. En le voyant aussi beau, ses cheveux décolorés de reflets blonds bien coiffés, je me dis qu'il n'est pas mort, il dort. Je suis troublé. Une vision éphémère me passe devant les yeux, je le vois sortir de son cercueil, dans son survêtement, me taper sur l'épaule et me dire « je rigole ! ». Je manque m'évanouir sous le choc de l'émotion. Debout à côté de moi, son frère Marco me secoue par la manche.

– Bouchta, qu'est-ce que tu as ? Ça va pas ?
– Non, je peux pas le croire... il dort ?
– Non, il est mort mon frère. Il ne reviendra pas.

Il se rapproche de moi et me chuchote fièrement à l'oreille :

– Bouchta, t'as vu le survêtement ? C'est le mien, c'est un vrai Lacoste !

Il a tenu à ce que son frère meure en hétérosexuel. Luis n'avait jamais porté de survêtement. C'était une femme dans son for intérieur, il aimait les belles tenues qui exprimaient sa féminité. Marco a dû faire un scandale à ses frères pour qu'ils ne lui retirent pas ses petits diamants aux oreilles. Mais pour apaiser les tensions, et permettre à Luis de partir en paix, il a pensé au survêtement Lacoste. Une peine immense m'envahit. Marco a pris soin de montrer à tous que son frère est un homme dans la mort. Pauvre Luis, même dans la mort il ne peut pas être lui-même. Il n'avait pas le choix. Ne peut-on être un homme que dans les simulacres, nous, les homosexuels ?

Luis m'avait emmené chez Christian, un pied-noir d'Oran. Nous sommes devenus inséparables peu avant mon mariage. Je traîne dans les rues avec lui après mon divorce. Je ne suis pas un homme, j'ai tout fait pour le devenir, même Allah n'a rien voulu savoir. Alors, oui, je suis un homosexuel. Je fais en sorte de l'assumer en draguant à la gare. Passe Morad. Grand, un mètre quatre-vingt-cinq, magnifique, cuisses très larges, un côté pirate qui me séduit immédiatement. Il marche en se tapant sur les cuisses, les sourcils froncés, le regard sombre et méchant. C'est un homme de la rue. Je ne le quitte pas des yeux. Je le retrouve chez Christian autour d'une pizza. Nous n'échangeons pas plus de trois ou quatre mots. En rentrant chez moi après la soirée, le souvenir de son visage me poursuit.

Quelques jours plus tard, c'est lui qui m'appelle. Nous nous sommes revus le soir même. Il a fui le terrorisme dans sa région natale d'Oran à l'âge de seize ans au moment de faire son service militaire. 1992, les années noires, l'Algérie pleure ses milliers de martyrs qui deviendront un million et demi en dix ans. Homosexuel et déserteur, Il arrive à Marseille sans papiers, seul, affamé, sans même parler français. Il dort de foyer en foyer, de squat en squat, et de temps en temps à la gare près d'un clochard que tous appellent « papa », ce qui le protège des contrôles policiers. Quand ils l'interrogent, il est le fils de papa. On ne lui demande rien de plus. Les petites sœurs des pauvres leur procurent des couvertures l'hiver. Je lui raconte à mon tour ma vie, mon mariage forcé, mon divorce, mes vaines tentatives de devenir un homme. Nous tombons amoureux l'un de l'autre. Depuis ce soir-là, il y a vingt-trois ans, nos destins mêlés ne font qu'un.

La première nuit, je l'emmène chez moi. Au petit matin, je pleure un long moment, j'ai tellement peur de l'empoisonner.

Comment le lui dire. Le seul mot de sida me fait paniquer, je suis incapable de le prononcer.

– Pourquoi tu pleures ?
– Tu as une vie de galère, j'ai une vie de galère, c'est pas possible qu'on vive ensemble.
– Non, non ! Ne dis pas ça, Bouchta, on va vivre ensemble vingt ans !

Nous sommes restés ensemble. Cela fait maintenant plus de vingt ans. Au début, nous dormons dans des squats, des jardins ou des voitures. Je n'ose pas l'emmener chez moi tous les jours. Mon Cerbère de frère me harcèle. Je vis de petites allocations de chômage que nous partageons. Une vie misérable commence, mais nous sommes deux.

Nous nous aimons au vu et au su de tout le monde à l'extérieur de chez moi. Morad me tient par la main, m'embrasse faisant fi des regards réprobateurs. Je suis un peu gêné, mais je ne peux rien lui refuser. Redouane nous croise, s'offusque. Je le vois partout, j'ai peur. Il me frappe. Morad me défend. Je le défends. Nous sommes deux, nous sommes un empire dorénavant.

À force de voir passer Morad dans la cour, se battre avec Redouane, Khadija comprend que nous nous aimons. Au bout d'une année, elle passe le voir dans mon appartement pendant mon absence.

– Eh ! t'as maigri mon fils, dommage, hein ? t'étais un beau gosse. Mon fils, il t'a empoisonné, je crois.

Il n'est pas au courant. À mon retour, il me coince dans la cuisine :

– C'est vrai ?
– C'est vrai.

Il s'affole, court faire une prise de sang. Il a tellement peur du diable qu'il lit de travers les résultats du laboratoire. Il est positif pour le contrôle de l'hépathite B qu'il a eue jeune, mais en bas de la feuille il est écrit VIH négatif. Lui ne voit que le seul signe positif et s'imagine que c'est le sida. Il quitte le laboratoire, blême. Dans un mouvement de rage, il déchire les résultats de l'analyse. Toute l'année qui suit, il est persuadé d'être séropositif, condamné à mourir d'ici peu. Je finis par le convaincre de consulter mon médecin à l'hôpital. Prise de sang, examen. Nous attendons dans la salle d'attente tous les deux. Deux ou trois toxicomanes attendent leur tour dans la salle. Quand la secrétaire appelle « Morad », il me regarde, me crache à la figure et s'enfuit de la salle d'attente. Le médecin sort de son cabinet, le rattrape dans le couloir, les documents d'analyse à la main.

– Qu'est-ce vous faites ici ? Vous êtes en bonne santé, vous n'avez rien à faire ici.

Morad revient dans la salle d'attente en pleurs. Il me demande pardon dans de longs sanglots, me sert dans ses bras. La misère de la vie est notre ciment, mais ne j'oublierai jamais son crachat sur mon visage devant les gens. Mon galbi, mon cœur, tu m'as humilié, tu m'as fait de la peine.

Au bout de deux ans, je commence à penser qu'il faut que nous nous séparions, je ne parviens pas à imaginer l'avenir. Nous nous aimons, d'accord, mais chacun sait que l'amour ne dure pas, surtout avec la famille impossible que j'ai. Les vacances d'été approchant, je me prépare à aller en Algérie comme chaque année maintenant. J'envisage la chose comme une respiration, l'occasion naturelle de nous éloigner un peu. Je ne pourrai pas lui laisser les clés de la maison, mon frère en profiterait pour le massacrer. Cela m'inquiète. On fait la guerre à deux, pas tout seul. L'idée germine dans mon esprit. On se sépare un peu, et quand je reviens on verra bien, s'il m'aime, il sera là. Sinon tant pis. Ce sera l'épreuve de vérité.

Un soir, à minuit, je lui annonce que je vais prendre le bateau pour le bled à huit heures le lendemain. Morad refuse de me laisser partir. Il est déterminé. « Si tu pars, je pars », me dit dit-il en deux mots qui n'acceptent aucune réplique. Il n'a pas de passeport, pas de visa. Il va revenir dans son pays qu'il a fui. Je ne peux pas le croire, ils vont le jeter en prison, et peut-être même le tuer. Un copain passe me voir, il a perdu ses clés. Il admire notre couple fusionnel depuis longtemps. Nous discutons tous les trois une bonne partie de la nuit. Je pars seul ou nous prenons le risque de partir ensemble ? La question est envisagée sous tous les angles. Au petit matin, nous décidons de partir ensemble.

Arrivés sur le quai, une foule de voyageurs se presse à l'entrée du paquebot. Mon billet en poche, je me dirige vers la passerelle, tandis que Morad disparaît du côté de l'embarquement des véhicules. Profitant de la bousculade, je tends mon billet à l'employé de la compagnie, et me faufile comme un chat sans lui laisser mon coupon. Je le remets vite dans ma poche, cours sur le pont et cherche Morad. Je l'aperçois en bas parmi les voitures qui se garent. Il supplie les femmes qu'il croise de le cacher dans leur coffre de voiture. Elles ont toutes peur. Il insiste, supplie encore et encore. Toutes refusent. L'une d'entre elles lui souffle apitoyée autant que navrée : « mais regarde, où je vais te mettre ? On est tous chargés comme des mulets ». Du haut de la balustrade, sur le pont, je lui fais de grands signes. Il s'approche, le bruit des moteurs ne lui permet pas de m'entendre. Je lui jette mon billet plié en deux. Il ne réalise pas qu'il s'agit d'un billet, fourre le papier dans sa poche, et retourne dans la foule auprès des propriétaires de voitures. Une femme le tire par la manche.

– Écoute, j'ai une solution. Dis que ta mère est dans sa cabine, et qu'elle t'a envoyé chercher son médicament pour le diabète dans la voiture. Tiens, je te donne ma boîte, je suis diabétique. J'en ai une autre, t'inquiète pas pour moi. Je peux te donner que ça, mon fils.

Les yeux mouillés de reconnaissance, Morad prend lestement la boîte de médicament, passe entre les voitures, et arrive à la porte. Un homme l'arrête :

– Eh ! là ! Toi, tu viens d'où ?

D'un air affolé, sans avoir à se forcer tant il est sous pression, Morad bredouille rapidement :

– J'ai pris les médicaments pour ma mère, elle a le diabète... elle a le diabète. »
L'homme lui fait barrage. Morad montre du doigt sa sauveuse, en répétant d'une voix anxieuse :

– J'ai pris les médicaments pour ma mère. C'est ma tante.
– Oui, oui, c'est ma sœur, elle est là-haut, elle a le diabète, crie la femme.
– Ton passeport, il est où ?
– Ben, là-haut, avec ma mère.

Le gars le fouille et trouve le billet dans sa poche. Miracle.

– Mais pourquoi, il est pas déchiré ton billet ?
– Je sais pas, moi, j'ai donné le billet, il m'a rien demandé, bredouille Morad éberlué, le cœur palpitant au point de lui faire mal dans la poitrine.

La sueur coule sur son front, mais dans le désordre du départ agité, pressé par le temps, l'employé finit par céder :

– Allez, passe.

Nous partageons ma cabine. Réussir à partir est une chose, mettre pied à terre à l'arrivée, en est une autre, bien plus périlleuse. Je me souviens que Khadija avait donné des cassettes pornographiques à un inspecteur des douanes qui circule en civil sur le bateau. Au moment où nous amarrons, je le cherche sur le pont. Incognito, fondu dans la foule, Il a l'air de rien, regarde partout et nulle part. Je lui donne le bonjour de Khadija. Ah, oui, il la connaît bien. Elle va bien ? Cela fait un moment qu'il ne la voit plus. Certain qu'il va m'aider, je lui explique que j'ai un ami sans papiers sur le bateau. Je n'ai pas le temps de terminer ma phrase, l'inspecteur se met à hurler : il est où ? Il est comment ? grand ? gros ? maigre ? Je lui réponds en contrepoint de la réalité. Il le cherche partout. Je retrouve Morad dans ma cabine, glisse des pièces de dinar dans les poches et des cigarettes algériennes que je garde toujours chez moi en prévision du prochain voyage. Il redescend dans la soute des voitures, joue à cache-cache avec l'inspecteur. Il attend la première voiture en panne, il y en a toujours une, et se met à la pousser avec ses occupants. Dehors, un douanier l'interpelle :

– Oh ! où tu vas ?
– J'aide mon oncle !
– Par où t'es rentré ?
– Par là ! mon oncle est tombé en panne.

Le douanier le fouille et trouve dans ses poches les dinars et les cigarettes algériennes. Des pièces, des cigarettes, il est bien d'ici celui-là, se dit l'homme sans réfléchir davantage.

– Casse-toi, fils de pute, ne reviens pas là !

Morad rentre en Algérie comme il en est sorti. Il me rejoint chez moi. Ma mère affiche sa mauvaise tête. Son amant rouspète. Mon galbi comprend qu'il est malvenu. Je lui donne son sac à la porte, lui fais signe que je le retrouve au centre-ville. Je le vois disparaître dans la ruelle inondée de soleil. Sa grande ombre me rassure. Tu vas t'en sortir, je suis avec toi, galbi, mon cœur.

Le retour en France s'avère très compliqué. Il lui faut recommencer ce qu'il a déjà entrepris naguère. Traîner dans le port pendant des mois, saisir la première opportunité et ne pas la manquer. La chance ne se présente pas, je rentre seul à Marseille.

Mon galbi est bloqué à Oran. Il cherche à s'approcher du Maroc, de l'Espagne, impossible de passer. Il étudie comment passer par les pays de l'Est, mais il va falloir marcher des jours et des jours. Cela paraît impossible. Au bout de plusieurs semaines, il réussit à passer en Tunisie. Un petit boulot au noir dans un garage l'aide à subsister. Quand tu n'as pas de papier, tu te résous à devenir esclave, tu n'as pas le choix. Je le rejoins. Je retrouve mon homme maigre et misérable. Nous passons un temps heureux ensemble. Mon visa expire, il me faut l'abandonner à nouveau. Tandis que je rentre en France abattu, lui, craque de son côté. Mieux vaut retourner en Algérie, chez sa mère. Nous nous languissons l'un de l'autre. Il parvient à passer au Maroc. Là, il rencontre une trentenaire, il en a tout juste vingt. Ils passent un mois ensemble. Morad n'a qu'une idée en tête, revenir à Marseille. Un matin, il n'en peut plus, il faut partir. Sur la route, un routier le prend en stop. Ils sympathisent en chemin. Les vastes champs d'oliviers, les kilomètres de serres en toile plastique défilent à la fenêtre du poids lourd. Les mains croisées sur ses cuisses amaigries en guise de prière, Morad se prépare mentalement à passer la frontière par tous les moyens. Dieu réunit ceux qui s'aiment, comme dit la chanson. Peu avant la frontière, le chauffeur lui propose de le laisser à la dernière pompe à essence où un cousin paysan pourra le faire passer clandestinement. En signe de reconnaissance, mon galbi lui donne l'alliance en or que je lui avais offerte. Il n'a rien d'autre sur lui.

Rentré en France, il m'appelle à la gare. Nos retrouvailles sont émouvantes. La séparation a fortifié l'intensité de nos liens. Lové contre lui, je sens couler son sang dans ses veines. Doucement, comme si l'éternité devenait son écrin. Je sais que quoi qu'il advienne, plus rien ne pourra détruire notre empire.

Les années passent, nous vivons d'expédients. J'alterne petits boulots et chômage, lui travail au noir et désespoir. Sa carte de séjour impossible à obtenir est notre douleur. Il en rêve, je me démène pour lui faire oublier le mépris dévolu aux gens sans papiers, la terreur d'être expulsé dans son pays. L'odeur âcre de la mort hante ses nuits. Il se réveille en sursaut, prie pour que sa situation soit enfin régularisée. Rien n'y fait. J'ai souffert si longtemps de ne pas pouvoir devenir un homme, lui pleure de ne pas pouvoir être un humain. Les questions existentielles annihilent mes anciennes questions de genre. Elles sont sans sursis. Maintenant, il faut parvenir à tenir debout, à poser son ancre dans la matière brute de la vie pour ne pas couler, sans savoir ce que demain sera. Nous nous inscrivons dans une association gay qui entreprend de longues démarches pour régulariser la situation de Morad. Nous apprenons que son frère, enrôlé à son tour dans l'armée, vient d'être décapité. Sa famille reçoit sa tête dans un carton. Mon compagnon est en état de choc. Fort de cette terrible nouvelle, je représente une demande de réfugié politique, en apporte la preuve avec l'assassinat du jeune frère. Nenni. La Préfecture reste sourde.

De temps en temps, notre quotidien s'améliore. Après la violence qui a déchaîné les cités en 1995, la question de l'immigration se pose à nouveau. Elle fait surface au gré des événements ou des élections présidentielles et disparaît ensuite dans l'indifférence générale. On me propose de jouer dans quelques films sur le Maghreb, je touche quelques cachets. Morad participe à la construction des décors, il joue lui-même un rôle de terroriste. J'aime le milieu du cinéma. Le réalisateur peut décider de modifier le scénario à tout moment, c'est très excitant. Un peu comme le Créateur là-haut, mais Lui ses voies, sont impénétrables. Il n'est pas là derrière un énorme porte-voix pour dire stop ! la scène est mauvaise, on recommence, on fait autrement.

Les ruses, faux papiers et faux noms, les expédients ne suffisent plus. Morad est sommé de quitter la France sous peine d'expulsion *manu militari*. Il s'affole, contacte l'une de ses sœurs en Espagne pour se faire héberger. L'Espagne commence à envisager la régularisation des clandestins. Il doit tenter sa chance là-bas. Nerveux, de plus en plus anxieux, il me met la pression pour partir avec lui. Je suis directeur de casting sur le tournage d'un film, il me reste une semaine de tournage. Je lui demande de patienter un peu. Il ne veut rien savoir et file à la frontière. Un sombre pressentiment m'assaille. On ne part pas seul à la guerre. Il va lui arriver malheur.

Mon portable affiche un numéro inconnu. Une voix à fort accent catalan résonne dans le haut-parleur. Le capitaine Pinto m'appelle de la gendarmerie de Perpignan. Morad a été refoulé à la frontière avec de faux papiers. Il va partir en centre de rétention pour quelques jours. Je peux venir le voir à Perpignan si je le souhaite. J'en suis malade, la fièvre me prend, ma tête tourne. Je m'engouffre dans ma voiture, et file faire le plein. Je mets de l'essence au lieu du gasoil. J'appelle mon père. Il entend mon désespoir, me calme et me propose de m'accompagner à Perpignan.

Le capitaine de gendarmerie nous donne l'autorisation de rendre visite à notre clandestin. À l'entrée du parloir, un gardien me fouille et trouve une barre de shit dans mes poches. Je lui explique que Morad en a besoin, il doit être dans un état de stress total. Il faut le calmer. Le gardien me confisque la barre de résine avec tact. Il ne peut pas laisser passer ça. Dans le parloir, nous nous jetons dans les bras l'un de l'autre, en larmes. Mais le temps n'est pas à celui des effusions, il faut que je parvienne à faire passer ce shit à Morad. Il a la solution, on apprend vite en prison.

– Écoute, me dit Morad, là, c'est fermé, mais il y a une autre fenêtre derrière. Quand tu vas sortir, ils vont me remettre à cet endroit en attendant qu'Ali prenne ta place au parloir. Toi tu vas sortir, pour faire rentrer ton père. Tu fais vite le tour et tu coinces le shit dans le grillage, je le récupèrerai. J'ouvre et je le prends. T'inquiète, j'ai pris le loquet pour ouvrir.

Je tremble de peur, me voici dans une mauvaise série de polars. Qu'est-ce que j'ai fait sous les pieds du Bon Dieu, moi aussi, pour me retrouver dans cette situation ? La moindre hésitation de ma part ferait échouer le plan de Morad. Je trouve la force d'exécuter ses consignes. Je prends d'instinct la position du cueilleur-chasseur préhistorique de Jeda, glisse à pas feutrés vers la fenêtre indiquée. Je place rapidement la drogue entre les mailles du grillage rouillé de la fenêtre fermée. Je le vois aussitôt ouvrir la fenêtre avec le loquet, non pas la poignée, et récupérer le shit avec sa bouche. Quelques jours après, il comparaît en parution immédiate devant le tribunal correctionnel pour faux papier. Le verdict tombe comme un couperet : un mois de prison dans l'attente d'une expulsion dans son pays d'origine. En pleine guerre civile ! il sait qu'il n'aura aucune chance de s'en sortir. Son numéro d'écrou 17375 à la prison de Perpignan s'inscrit dans notre mémoire comme un tatouage impossible à effacer.

De retour à Marseille, je suis fou de douleur, j'appelle partout où je peux, je cours partout pour sortir mon homme de prison. Je lui écris des lettres d'amour que je signe Lily. Son co-détenu, un gitan, répond pour mon galbi. L'administration pénitentiaire n'y voit que du feu. Je ne vais pas aggraver son cas. Clandestin, Algérien, homosexuel, cela fait beaucoup pour un seul homme. J'appelle Yamina Benguigui. J'interviens depuis quelques temps dans ses films, casting d'acteurs, direction d'acteurs maghrébins non professionnels, écriture de scénarios. Elle connaît Morad, nous apporte un soutien sans faille. Elle alerte Jean-Pierre Chevènement alors ministre de l'Intérieur, alerte la fondation France Libertés de Danielle Mitterrand. Le cas de Morad semble n'intéresser personne, rien ne bouge. Les relations diplomatiques avec l'Algérie demeurent compliquées, plus encore en ces temps de guerre civile. Le journal Libération s'en mêle. Un formidable bandeau accrocheur titre : « *Roméo et Juliette, en version gay et algérienne. Bouchta tremble : Morad sans papiers a été arrêté. Il est menacé d'expulsion* ». L'opinion publique s'émeut, une pétition circule. Je reprends espoir. Yamina Benguigui ne lâche pas prise. Elle convainc le consul d'Algérie à Montpellier de gagner du temps, en retardant la délivrance du fameux « laissez-passer » autorisant l'expulsion. Drôle de nom ! Laissez-passer en sens inverse. À la mort, c'est certain. Elle brandit une récente décision de la Cour européenne des droits de l'Homme qui précise qu'un homosexuel algérien peut prétendre à l'asile politique. En vain. J'appelle le consulat tous les matins dès l'ouverture, l'assistante sociale de la prison dans la foulée. Je m'inquiète de la santé de mon galbi, de son moral. Une course contre la montre se joue pour parvenir à le faire sortir à ce qui s'apparente à un couloir de la mort.

Morad est libéré un matin de décembre. Chevènement est intervenu. Je fonds en larmes, j'explose de joie. J'appelle l'assistante sociale de la prison pour lui annoncer la bonne nouvelle. Elle ne me prend pas au sérieux, elle n'a jamais rien vu de tel en trente-cinq ans de carrière. Je n'ai pas rêvé pourtant, l'administration pénitentiaire m'a bien dit de venir le chercher dès le lendemain matin sept heures. Je file à Notre-Dame de la garde, la bonne mère de tous les Marseillais. Une longue prière m'apaise. J'allume un cierge, achète une petite bougie rouge que je range au fond de ma poche de veste, et je roule prudemment sur l'autoroute jusqu'à Perpignan. En fin de journée, je m'installe dans une petite chambre d'hôtel. L'impatience me mine, l'inquiétude aussi. Et si l'assistante sociale avait raison ? Un petit cinéma d'art et d'essai jouxte mon hôtel. Je prends un billet sans même regarder ce qui se joue. Un film d'amour argentin raconte une histoire d'homosexuels dramatique... notre histoire. Je ne crois pas aux coïncidences, mais aux signes, oui. J'allume ma petite bougie, prie à nouveau. Je n'ai jamais autant prié de ma vie. Impossible de dormir cette nuit-là, je me languis de partir, de le retrouver.

6 h 30, je suis devant la porte de la maison d'arrêt. L'assistante sociale est là aussi. Elle voudrait bien voir ça. Les minutes s'écoulent anormalement, c'est très long. 6 h 50, Les deux battants de la porte s'ouvrent.

– Non, me dit l'assistante sociale. C'est la sortie habituelle des camions qui transfèrent les prisonniers au tribunal. Il ne sortira pas, vous verrez.

Mon sang fourmille dans tous mes membres. Mes mains sont moites. Je fais craquer mes doigts. Ma respiration devient irrégulière. S'il ne sort pas, je meurs. Les battants restent ouverts.

7 h précises, deux policiers encadrent Morad et se dirigent vers la sortie. Ils portent ses valises. Il était parti pour un séjour définitif en Espagne.

Il a vingt-trois ans, j'en ai vingt-huit, la vie s'ouvre joliment devant nous, comme dans le final du film de Charlie Chaplin. Mon cachet nous permet de partir en Espagne dans l'espoir d'obtenir plus facilement sa carte de séjour. Toute notre vie tourne autour de ce maudit papier. Ali avait bien raison, moi, j'ai eu ma part d'héritage en étant né sur le territoire français. Quel cadeau précieux nous ont fait nos parents et grands-parents !

Nous achetons un taxiphone, des jours meilleurs s'écoulent doucement. Nous nous disputons comme tous les couples, mais notre lien s'est encore approfondi à travers cette terrible dernière épreuve. Nous voulions juste vivre en paix, notre vœu a été exaucé.

Pas pour très longtemps. Un soir, Morad reçoit un coup de fil bizarre. Il s'éloigne pour que je n'entende pas la conversation. J'entends des bribes de discussion. « C'est pas possible... Qu'est-ce qui vous dit que c'est moi ? ... Mais une nuit seulement ! ? » Il sent que je tends l'oreille, s'éloigne davantage. Lorsqu'il revient son visage est étrange, je ne saurais dire quelles émotions le traversent de façon tellement contradictoire. J'y décèle un mélange de contrariété, de joie, et beaucoup d'inquiétude. Il ne veut rien dire, s'enferme dans un mutisme dont il est coutumier après toutes ces années de galère.

Au petit matin, il m'annonce que nous devons rentrer en France. Il a pourtant obtenu une carte de séjour officielle en Espagne. Je vois immédiatement ce qui nous attend en France. Retour à la case départ, en passant par la prison. Une mare glauque dans laquelle il faudra patauger tant bien que mal. Un parcours semé d'embrouilles. Des nuits à pleurer. Des fêtes sans but pour masquer l'angoisse de la réalité. Je ne comprends pas sa décision. Face au silence dans lequel il s'est muré, je sais que je n'en saurai pas plus. Je me résous à remballer nos affaires avec lui.

De retour dans ma maison à Marseille, les galères reprennent. Galbi devient méchant, extrêmement nerveux, je ne le reconnais pas. Impossible d'obtenir la moindre explication. Un soir, je l'emmène boire un pot au vieux port. Il est silencieux. Je le regarde avec une grande compassion. «Tu veux vraiment pas me parler? Après tout ce que nous avons traversé ensemble, tu ne crois pas que je peux comprendre?». Ses yeux se posent sur moi, voilés de tristesse. Silence. «Tu sais, j'envisage de prendre un avocat pour qu'on puisse se pacser. Ça devrait te protéger, et peut-être qu'on l'obtiendra cette foutue carte de séjour.» Silence. Il a l'air embêté. Impossible d'obtenir le moindre mot d'explication. Le cœur n'y est pas, nous terminons notre verre et retournons vers la voiture garée juste derrière la mairie. À peine installé au volant, je sens son bras qui bloque le mien afin que je n'allume pas le contact. Il me regarde, toujours silencieux. «Il faut que je te parle». Je blêmis. Quand ton homme te dit cela, tu t'attends à la suite. Il va m'annoncer: «je te quitte. Ou… ma mère veut me marier». Et moi, Je vais mourir.

«J'ai un fils!» prononce-t-il faiblement.

Ces deux petits mots vont changer le cours de notre vie. Il les prononce tellement vite, d'une voix d'outre-tombe, que je ne suis pas bien sûr d'avoir compris. Mais si, il a bien dit qu'il a un fils. Je ne sais pas d'où il sort ce petit, mais peu importe, j'attendais la mort, il m'apporte la vie.

– C'est génial!
– T'es pas énervé?

– Eh, non, tu voulais un fils. Tu me l'as toujours dit. C'est beau, c'est extraordinaire ! T'as un fils, galbi ? tu as la vie !

La cabine d'une voiture est un huis-clos parfait pour les confidences, les mises au point et toutes ces explications qu'on ne se donne pas au moment où il faudrait les partager. Morad me raconte enfin son histoire qu'il me cache depuis ce fameux coup de fil. Il a passé une nuit avec une fille. Une seule nuit. Elle est tombée enceinte. Je l'écoute attentivement. Incapable de ne pas me mettre en position de spectateur chaque fois que mon alerte danger clignote, je ne peux m'empêcher de me dissocier un court instant. Je me demande pourquoi on dit tomber enceinte, comme on dit tomber des nues, tomber de la lune ? Il ne faut pas être tombée de la dernière pluie pour éviter d'avoir des enfants aujourd'hui. C'est un gendarme qui le lui a appris le dernier jour en Espagne. Il ne l'avait pas revue, ignorait réellement la naissance de cet enfant. Il y a des problèmes, il faudrait qu'il s'occupe du petit. Je me réjouis pour lui.

Mais il ne me dit pas que la mère ne veut pas de l'enfant, qu'appartenant à un milieu catholique pratiquant, sa famille n'a pas voulu d'une interruption de grossesse. La mère a délaissé volontairement le bébé qui souffre de maltraitances. Il a été hospitalisé, il y a eu un signalement. Les services sociaux l'ont placé à la DDASS, voilà pourquoi la gendarmerie a engagé une recherche du père. Un procès est en cours à Toulouse où se trouve l'enfant.

– On va se battre pour que tu puisses récupérer le petit. Notre petit. Un bonheur tombé du ciel ! On va se porter partie civile contre la mère. Une infanticide, tu te rends compte ?
– J'ai même pas de papiers, comment tu veux qu'ils me le donnent ?
– On a de la chance, on a encore un peu d'argent de côté. Tu vois, le taxiphone, ça avait du bon ! On va prendre un bon avocat. Toi, tu cherches un studio à Toulouse, tu l'installes

bien pour accueillir le petit. On va se battre et on va gagner, tu vas voir.

Pendant plus de deux ans, le temps que se déroule l'enquête judiciaire, Morad fait des aller-retours entre Marseille et Toulouse. Il rend visite à la famille d'accueil, rencontre les assistantes sociales à la DDASS qui apprécient son sérieux, répond aux questions des policiers. Je me fais discret, il vaut mieux ne pas mettre en évidence qu'il est un père homosexuel. Il ne lâche pas, mon galbi. Il est là. J'assure avec lui. Toutes nos économies passent dans le procès, que nous gagnons au bout du compte. Nous avons sauvé l'enfant. Aujourd'hui, Angelo est avec nous.

Il m'appelle Tonta. Mi-tonton, mi-tata. Les enfants ont un instinct infaillible. Ils ne se posent pas de questions morales, ni de questions d'identité de genre. Ce sont les adultes qui font germer ces fausses questions dans leurs petites têtes innocentes, ils les perturbent pour la vie. Ils auront besoin de toute une existence pour comprendre que les vraies questions sont existentielles : faire en sorte que tout le monde mange à sa faim, éduquer les enfants, leur construire un avenir, s'occuper des plus faibles, partager, reconnaître la beauté du monde et de l'art, être digne, être libre d'être soi-même en lien avec les autres. À ne se poser que de fausses questions, qui n'ont d'autre fin que de préserver les apparences, on perd de vue ces valeurs fondamentales. Seules les épreuves de la vie nous les rappellent et nous transforment.

Fini les fêtes sans lendemain, fini les danses voluptueuses au bled, fini la tentation de jouer les cigales comme si la vie n'avait pas d'importance. Comme tout nouveau parent, je me pose les vraies questions. Celles dont les réponses me permettront de travailler au bonheur de notre petit. Moi qui vivais au jour le jour, je me projette dans l'avenir avec l'homme de ma vie et notre fils. Je voudrais changer de quartier, déménager. Les murs de ma maison sont tellement imprégnés d'insultes, de cris, de coups de poing et de pleurs. Je ne veux pas que notre fils subisse ces mauvaises vibrations. Je rêve de lui faire oublier ses débuts difficiles dans la vie et de le protéger comme son père et moi ne l'avons pas été. À bonne distance. Je rêve avant tout d'une bonne école pour Angelo.

Mon traitement contre le sida a stabilisé la maladie, c'est miraculeux. Morad a enfin obtenu sa carte de séjour. Cette délivrance lui a donné du ressort dans le procès pour la résidence du petit. À peine sa situation régularisée, il est parti en vacances avec l'enfant en Algérie. Sa famille l'a accueilli comme un homme. Peu importe que l'on sache qu'il est homosexuel depuis toujours, s'il a un fils, c'est qu'il est un homme. Les apparences sont sauves, sa famille pacifiée. La roue tourne enfin.

Angelo, mon petit bout d'homme, j'ai écrit ce livre pour toi pendant que tu étais en vacances avec ton père. Je voudrais te transmettre un héritage, comme Ali m'a transmis le sien en me faisant naître français, en m'évitant la quête infernale d'une carte de séjour dans un pays en paix. Comme Khadija m'a transmis le sien aussi, en me faisant lui ressembler autant, elle, mère-courage entre toutes les mères. Tu vois, il ne suffit pas de recevoir un héritage, il faut l'intégrer, en faire l'essence de sa vie. Si tu n'as pas de parents capables de te transmettre cela, c'est la vie qui s'en charge. Durement. Et c'est une chance à saisir.

Même si la vie te donne des tartines de misère, mon petit, c'est à toi d'en faire un gâteau d'anniversaire. Alors tu deviendras toi-même. Le secret du bonheur est là. Voilà l'héritage que nous souhaitons te transmettre, ton père et moi, à travers l'éducation que nous te donnons. La vie est une fête avec ses zones d'ombres et de lumière. Alors, quelle que soit ta sexualité, personne ne pourra t'humilier en te traitant de pédé.

Pédé est l'insulte suprême dans un monde de machos. J'en ai tellement souffert. Elle signifie que tu es passif, que tu ne vaux rien dans un monde où l'homme définit sa valeur par sa force active. Les hommes, ceux qui pensent être les vrais, agissent sur le monde en oubliant d'agir sur eux-mêmes. Être fier d'avoir de beaux muscles, un beau sexe, c'est dire voyez comme je suis puissant. Vous, les faibles, les fragiles, vous êtes des pédés, des moins que rien. C'est trop simple ! En me transfusant un sang contaminé, la vie m'a appris que l'homosexualité n'est pas synonyme de sida. Moi, le sidaïque, je n'ai contaminé ni Amaria, ni mon galbi, ni personne. En me rendant actif pour transmuter la misère en vie saine, elle m'a également appris qu'homosexuel et pédé ne sont pas les mêmes mots. Être homosexuel, c'est aimer faire l'amour avec un homme tout simplement. Les Grecs antiques l'avaient bien compris, eux qui aimaient les hommes mais faisaient des enfants avec des femmes. La sexualité assumée est source de liberté. Quand elle n'est que puissance masculine, elle n'est qu'un leurre tragique, domination sur les autres, particulièrement les femmes, les homosexuels et les pauvres gens en général.

Être fils d'immigré et homosexuel, ou Algérien et homosexuel, c'est parcourir un chemin de croix sans fin. Notre univers machiste, en Algérie comme en France, celui de la violence archaïque, a oublié que l'empire Ottoman nous avait apporté les parfums têtus de la Grèce. Le berceau de la Méditerranée est fait de douceurs, de senteurs et de grâce. Son modèle d'intelligence était celui d'Ulysse, la ruse pour vivre. Les enfants l'apprenaient en lisant L'Iliade et l'Odyssée. Ce n'est en rien celui de la force brutale. Mais ceux qui pensent être les vrais hommes travestissent les fondements de l'histoire des civilisations.

Épilogue

Mes beaux-parents algériens m'aiment et me respectent. Je ne leur dois rien, ils ne me doivent rien. Ils sont simplement heureux, leur fils est en bonne santé, ils ont maintenant un petit-fils magnifique qui revient de loin et qui va bien.

Deux ou trois ans avant la naissance du petit, alors que je suis en vacances au bled, je pousse jusqu'à leur village leur porter des nouvelles de Morad. J'entre chez eux le plus discrètement possible. Un de mes beaux-frères, présent ce jour-là, m'aperçoit dans l'appartement. D'un air mauvais, il s'en prend à son père :

– Qu'est-ce qu'il fait là ce pédé ? Il a rien à faire là.
Son père lui répond spontanément en arabe, sur un ton d'autorité incontestable :

– Écoute, faut pas que tu oublies que c'est ton beau-frère. Ton beau-frère, il a ramassé ta sœur dans un bordel en Espagne, il a pas eu peur de ces chiens de proxénètes. Cocaïnomane, ta sœur ! trois enfants, un mort, deux en placement. Il a ramassé ton frère dans la rue. Il s'est battu pour le faire sortir de prison. Ils nous l'auraient tué, ici, si les Français l'avaient expulsé.

Alors qui c'est l'homme ? C'est toi ou c'est lui ? Sors d'ici tout de suite. Quand tu rentres chez moi, tu dis pas un mot, tu la fermes. Compris ?

Ma mère voyait en moi la fille idéale qu'elle n'avait pas eue. Je me suis saigné, battu et débattu pour qu'on me laisse tranquille avec ma féminité, ma sensibilité, ma fragilité, toutes ces étiquettes que l'on attribue aux femmes.

Un homme comme mon beau-père qui va à la mosquée, qui fait la prière cinq fois par jour, et qui m'impose à ses fils en Algérie comme leur beau-frère, c'est une révélation pour moi. Lui n'a pas dit pédé, mais un homme.

Alors s'il me voit comme cela, mon beau-père, c'est que je suis devenu un homme ? Un homme différent de ceux qui me faisaient peur petit.

Je suis un homme au passé-composé féminin. J'appartiens au troisième genre, celui qui n'a pas trouvé sa place dans les diverses constitutions européennes de droits de l'homme, et qui pourtant existe depuis tout temps. Nommer enfin, c'est faire exister en pleine lumière.

Table des matières

Cité La Rose 7
Destins de filles 39
Promiscuité fatale 53
Oxygène 57
Funeste corrida 67
Divorce 87
Affreux, sales et méchants. 95
L'homme de ma vie 117
Épilogue 137

L'HARMATTAN ITALIA
Via Degli Artisti 15; 10124 Torino
harmattan.italia@gmail.com

L'HARMATTAN HONGRIE
Könyvesbolt ; Kossuth L. u. 14-16
1053 Budapest

L'HARMATTAN KINSHASA
185, avenue Nyangwe
Commune de Lingwala
Kinshasa, R.D. Congo
(00243) 998697603 ou (00243) 999229662

L'HARMATTAN CONGO
67, av. E. P. Lumumba
Bât. – Congo Pharmacie (Bib. Nat.)
BP2874 Brazzaville
harmattan.congo@yahoo.fr

L'HARMATTAN GUINÉE
Almamya Rue KA 028, en face
du restaurant Le Cèdre
OKB agency BP 3470 Conakry
(00224) 657 20 85 08 / 664 28 91 96
harmattanguinee@yahoo.fr

L'HARMATTAN MALI
Rue 73, Porte 536, Niamakoro,
Cité Unicef, Bamako
Tél. 00 (223) 20205724 / +(223) 76378082
poudiougopaul@yahoo.fr
pp.harmattan@gmail.com

L'HARMATTAN CAMEROUN
TSINGA/FECAFOOT
BP 11486 Yaoundé
699198028/675441949
harmattancam@yahoo.com

L'HARMATTAN CÔTE D'IVOIRE
Résidence Karl / cité des arts
Abidjan-Cocody 03 BP 1588 Abidjan 03
(00225) 05 77 87 31
etien_nda@yahoo.fr

L'HARMATTAN BURKINA
Penou Achille Some
Ouagadougou
(+226) 70 26 88 27

L'HARMATTAN SÉNÉGAL
10 VDN en face Mermoz, après le pont de Fann
BP 45034 Dakar Fann
33 825 98 58 / 33 860 9858
senharmattan@gmail.com / senlibraire@gmail.com
www.harmattansenegal.com

Achevé d'imprimer par Corlet Numérique - 14110 Condé-sur-Noireau
N° d'Imprimeur : 136332 - Dépôt légal : février 2017 - *Imprimé en France*